LA RELIGION CHRÉTIENNE,

MÉDITÉE

DANS LE VERITABLE ESPRIT

DE SES MAXIMES.

TOME DEUXIEME.

LA RELIGION CHRÉTIENNE,

MÉDITÉE

DANS LE VÉRITABLE ESPRIT

DE SES MAXIMES,

OU

Cours suivi & complet de Réflexions, ou de Sujets de Méditations pour chaque jour de l'année,

Sur les Epîtres & les Evangiles des Dimanches & Fêtes.

Ouvrage propre à tous les Etats; où les Ecclésiastiques, les Religieux, les Personnes du monde & les simples Fidèles, apprendront également les Règles sûres de se sanctifier chacun dans sa vocation.

TOME DEUXIÈME.

Depuis le Dimanche de la Septuagésime jusqu'au Samedi de la Semaine de Quasimodo.

A PARIS,

Chez FROULLÉ, Libraire, Quai des Augustins, au coin de la rue Pavée.

___

M. DCC. LXXXIV.

AVEC APPROBATION ET PRIVILÉGE DU ROI.

QUATRIÈME SEMAINE DE CARESME.

REFLEXIONS POUR LE DIMANCHE.

DE L'EPITRE.

Nous ne sommes point les enfans de l'esclave; mais de la femme libre. Saint Paul, Galat. chap. 4.

LA Religion des Juifs leur imposoit un joug qu'eux ni leurs peres n'avoient pû porter; ce joug pourtant leur plaisoit si fort, qu'on ne les accoutuma qu'avec peine à la liberté de l'Evangile. L'homme ne consent pas aisément qu'on change ses habitudes anciennes. Ne plus être circoncis, ne plus laver son corps & ses habits, ne plus rien reconnoître d'immonde par soi-même dans les créatures, user de toutes pour sa nourriture avec actions de graces, ne plus compter pour rien toutes les autres exceptions semblables que la Loi faisoit, & en regarder les observances comme inutiles au salut; voilà ce qui désespéroit ceux qui passoient de la Synagogue dans l'Eglise. Ils croyoient voir leur gloire & leur mérite s'évanouir; leur présomption étoit humiliée de ne pouvoir plus mettre sa confiance dans ses propres œuvres;

M ij

humiliation qui ne fut jamais du goût de l'amour propre. Qu'on le laisse faire, il élèvera bientôt, sur le fondement de Jesus-Christ, un ouvrage de paille & de bois ; on le verra bientôt se livrer à ses propres inventions, abandonner les idées de sainteté les plus solides & les plus pures ; se faire un culte aussi vain que superstitieux, & s'attacher servilement à des usages incapables de le rendre meilleur.

Pour se guérir de ce zèle faux & dangereux, qui ne fait que des Pharisiens réguliers au-dehors, & impies dans le cœur, on n'a qu'à s'instruire à fond de l'esprit du Christianisme, & à bien comprendre ce que c'est que cette liberté que son divin Auteur nous a procurée. Son joug est doux, dit-il, & son fardeau léger : il a lié la société de son nouveau Peuple par des préceptes en très-petit nombre, & d'une pratique très-facile : ce n'est plus cette multitude d'observances rigoureuses dont Moyse avoit chargé le culte du Juif. Où est donc le privilége & le vrai caractère du Chrétien ? Dans la vertu singulière d'un Médiateur qui efface le péché en le pardonnant, dans la grace de Jesus-Christ qui est plus abondante pour changer le cœur, & qui d'un esclave du péché, en fait un enfant par l'esprit d'adoption. Où est la source de nos mérites ? Dans la foi qui opére par la charité ; c'est à-dire, dans cette vue de Dieu, qui nous fait remplir par amour les devoirs de la juſtice, ſelon la différence & l'étendue des engagemens où nous nous trouvons ; qui nous fait réprimer tous les deſirs déréglés ; retrancher tout ce que ſaint Paul appelle les œuvres de la chair : fuir les plaiſirs des ſens, l'intempérance & l'impudicité, juſqu'à n'en pas prononcer ſeulement le nom ; éviter les inimitiés, les diſſenſions, les jalouſies, les animoſités, les violences, les injuſtices ; être ſobre, modéré, chaſte, modeſte, déſintéreſſé, charitable, doux, humble, patient, humain, pacifique, équitable, fidèle. Telle eſt cette liberté chrétienne dont l'Apôtre veut que nous nous ſouvenions. Mettre ſa confiance en d'autres œuvres, c'eſt vouloir établir ſa propre juſtice, c'eſt ſe faire une idée de ſainteté toute autre que celle que Jeſus-Chriſt demande de ſes Diſciples.

P R I E R E.

QUEL eſt donc, mon Dieu, le dérèglement du cœur de l'homme ? Il ne veut point du joug que vous lui impoſez ; & il voudroit s'en faire un dont vous ne le chargez pas. Il trouve vos loix trop dures, trop aſſujettiſſantes ; & il hait en même-tems la ſimplicité du culte que vous lui preſcrivez. Il eſt toujours prêt à multiplier ſes obſervances, & à ſe ſurcharger de choſes extérieures, qui vous honorent auſſi peu qu'elles le ſanctifient. Je le

comprends, Seigneur, c'est que nous cherchons à nous donner le change ; c'est que nous
voudrions nous composer une Religion qui
ne touchât point à nos passions, compter nos
mérites par nos pratiques, & mériter vos ré-
compenses sans être soumis à vos volontés.
Faites-moi renoncer, mon Dieu, à cet injuste
penchant. Faites que, d'une part, je sois fidèle
à tous les dehors de la Religion qui me sont
prescrits, que je les traite toujours d'une manière édifiante & digne de vous : mais que, de
l'autre, je ne croie jamais vous plaire qu'autant que je vous aimerai par dessus toutes
choses, & mon prochain comme moi-même.

DE L'ÉVANGILE.

*Que celui d'entre vous qui est sans péché lui jette
la premiere pierre. S. Jean, chap. 8.*

IL ne sied pas aux coupables de se déclarer
contre les coupables : il faudroit être sans
péché pour le punir dans les autres. La vengeance en est juste en elle-même, le zèle en est
louable : mais il est rare qu'il soit bien pur
dans les pécheurs. Presque toujours quelque
secret intérêt nous anime contre les fautes du
prochain : ce n'est quelquefois qu'une anti-
pathie naturelle, qu'une aversion de pur caprice ; quelquefois c'est l'envie formée, c'est
la jalousie, la prévention, la partialité, le
ressentiment, la haine, l'emportement, l'im-

patience : & dans toutes ces difpofitions ,
notre amour pour la juftice nous doit être
fort fufpeét. Peut être haïffons-nous moins le
péché que les hommes : nous pardonnons à
ceux que nous aimons , ce que nous condam-
nons fans pitié dans ceux qui nous déplaifent :
mais quelque défintéreffé que puiffe être notre
zèle, il y a mille autres confidérations qui
doivent l'arrêter ou le modérer. Si nous tombons dans les mêmes fautes que nous repre-
nons dans les autres, c'eft notre propre condamnation que nous prononçons : fi nous
avons d'autres défauts, il y a toujours de la
contradiétion & de l'indécence à fe montrer
fi févère quand on n'eft pas innocent ; & qui
eft - ce qui peut fe rendre ce témoignage ?
Quand on n'auroit rien à nous reprocher au-
dehors, hélas, combien de péchés fecrets qui
mériteroient un double châtiment pour punir
l'artifice & l'hypocrifie qui les ont tenus cachés ! Combien de ces vices que les hommes
ne puniffent point , & qui ne nous rendent
que plus abominables aux yeux de Dieu :
l'orgueil, la préfomption, l'ingratitude, l'efprit d'indépendance & de révolte, la haine
des loix du Seigneur , & les continuelles envies de fe retirer de fon fervice.

Que ces réflexions fufpendent un peu notre
précipitation ; qu'elle nous donne quelque
fois le loifir de nous replier fur nous-mêmes :
& fi nous fommes fincères, nous confefferons

M iv

que souvent celui contre qui notre impatience s'élève, est plus innocent que nous.
Judas alloit faire mourir Thamar sa belle-fille,
& Thamar lui fait voir qu'il est lui-même
complice de son crime. Ne supprimez donc
point par respect humain, ou par défaut de
zèle, ni les corrections, ni les peines que la
charité ou la justice exigent de vous à l'égard
du prochain; mais commencez toujours par
reconnoître vos propres défauts, soyez sans
indulgence pour vous-même, punissez-vous
dans toute la sévérité que vous voudriez
exercer sur les coupables : alors vous devien-
drez compatissant au lieu d'être dur; ou vous
ne punirez point; ou si vous êtes obligé de punir, il y aura dans vos châtimens plus de pitié
que de haine, vous frapperez à regret, vous
serez confus de n'être pas meilleur que ceux que
vous châtiez, vous réprimerez les vivacités
& les saillies de la colère, pour vous réduire
à la modération de la justice.

PRIERE.

D'OU vient, en effet, Seigneur, que je me
sens tant d'impatience, tant de dépit
secret contre les méchans ? Me convient-il à
moi, le plus imparfait des hommes, à moi
qui ne puis me dissimuler mes défauts, &
qui ne prends souvent aucun soin de me corriger; à moi qui ne puis souffrir les corrections
des autres; me convient-il d'être toujours si

prêt à m'élever? Que deviendrois-je fi vous me traitiez toujours avec toute la févèrité que je mérite, & fi votre juftice ne me rendoit que ce qui m'eft dû? Donnez-moi donc, mon Dieu, votre douceur & votre patience, ouvrez moi les yeux fur mes propres défauts, rendez-moi fenfible à mes maladies; & lorfque les loix de la charité ou la néceffité du devoir m'engagent à corriger, à guérir ou à punir le péché dans les autres, ne permettez pas que je me condamne moi-même le premier, dans le fond ou dans la manière.

POUR LE LUNDI.
DE L'EPÎTRE.

Alors le Roi prononça cette sentence : Donnez à celle-ci l'enfant vivant, & ne le tuez point ; car elle en est la mère. 3 Liv. des Rois, chap. 3.

LE jugement célèbre que Salomon prononça au commencement de son regne entre les deux femmes qui plaidoient devant lui, fut l'effet de cette docilité de cœur, & de cet esprit de sagesse qu'il avoit uniquement demandé à Dieu pour se conduire au milieu de son peuple. Aussi l'Ecriture ajoute, que tout Israël ayant sçu la manière dont il avoit jugé ce différend, en fut pénétré pour lui de crainte, d'admiration & de respect, voyant qu'il avoit reçu de Dieu de si grands dons pour gouverner son peuple. Or le même esprit de sagesse qui éclaira ce Roi, pour lui faire discerner la véritable mère de cet enfant, n'est pas moins nécessaire à toutes sortes de personnes pour toutes sortes d'actions. En quelque état que nous soyons nous avons tous besoins d'elle, soit pour conduire les autres, soit pour nous conduire nous-mêmes. Tout ce qui se fait sans elle n'est que l'ouvrage de l'homme, & par conséquent fort inutile pour l'immortalité à laquelle nous aspirons. C'est une de ces vérités de pratique dont on ne sauroit trop se convaincre : mais c'en est une également nécessaire, que pour obtenir du Ciel ce don précieux, il faut faire ce qu'a fait d'abord Salomon dans un âge où il est si ordinaire de s'aveugler soi-même. Il aima Dieu, dit l'Historien sacré, il eut de la piété ; il sentit le besoin absolu qu'il avoit de la sagesse, & il la desira vivement, il la préféra sans réserve à toutes choses, en reconnoissant humblement qu'il ne pouvoit se la donner lui-même ; il la demanda à Dieu avec ardeur, & ne demanda qu'elle seule pour tout bien sur la terre. Quiconque est dans cette disposition, ne mérite pas seulement la sagesse, mais il l'a déjà, puisqu'elle nous assure par la bouche de ce Prince, qu'elle va au devant de ceux qui la cherchent, & qu'elle se montre à eux la première. En sorte que ce n'est que par elle qu'on la connoît, qu'on l'estime, qu'on la desire, qu'on la demande, & qu'on l'obtient.

Remarquons encore dans cet endroit, que tous ceux qui se trouvent chargés de la conduite des autres en quelque manière que ce soit, doivent demander à Dieu ce cœur docile & soumis dont Salomon crut avoir besoin pour le gouvernement de ses sujets. Il semble d'abord que la docilité n'est le partage que des inférieurs pour se laisser conduire ; mais on se tromperoit grossièrement de vouloir la restraindre à eux seuls. Elle est inséparable

de la vraie sagesse qui peut elle seule les conduire sûrement ; & si les particuliers doivent
être dociles pour obéir à ceux à qui Dieu les
a soumis, les supérieurs le doivent être pour
obéir à Dieu les premiers, afin de faire garder ses loix par ceux qui leur obéissent. C'est
cette docilité de cœur qui leur fait discerner,
sans se méprendre, le bien d'avec le mal,
parce qu'elle rend capables de recevoir d'en
haut les lumières sans lesquelles ce discernement n'est pas possible. Aussi Dieu accomplit
d'avance dans le Roi d'Israël ce qu'il nous a
déclaré depuis par Jesus-Christ, qu'il révéle
ses secrets aux petits & aux humbles, tandis
qu'il les cache aux superbes & aux pré-
somptueux. Salomon s'humilie profondé-
ment, il avoue son incapacité, il sent ses
besoins ; & pour demander un cœur sage, il
demande un cœur humble & docile, parce
que c'est à des cœurs de cette espèce que la
sagesse de Dieu aime à se communiquer.

PRIERE.

DISONS donc avec ce Prince, supérieurs
on inférieurs, maîtres ou disciples, &
disons-le tous les jours avec une foi vive :
Seigneur, écoutez les cris de notre voix ;
donnez-nous cette sagesse qui est assise sur
votre Thrône, & ne nous rejettez pas du
nombre de vos serviteurs. Nous sommes des
hommes infirmes, de peu de durée, incapa-

bles par eux-mêmes de comprendre vos jugemens & vos loix, & les plus parfaits même ne
font rien, fi vous ne daignez les éclairer par
votre fageffe. Envoyez la - nous, Seigneur,
du haut de votre fanctuaire célefte, & du
Trône de votre grandeur, afin qu'elle agiffe
& travaille avec nous, qu'elle nous apprenne
ce qui vous eft agréable, qu'elle nous con-
duife en toutes nos actions, & qu'elle nous
protége par fa puiffance.

DE L'EVANGILE.

*Plufieurs crurent en Jefus à la vue des miracles
qu'il faifoit : mais Jefus ne fe fioit pas à eux.*
S. Jean, chap. 2.

LES converfions qui ne font fondées que
fur les impreffions des fens, ne font pas
ordinairement fort durables. Il eft de la fageffe de ne pas trop s'y fier pour foi & pour
les autres, quand on a quelque connoiffance
des mouvemens du cœur & de fes inconftan-
ces. Un évènement qui caufe de la furprife,
de la douleur, de la crainte, de la honte, ou
des déplaifirs, rappelle quelquefois un pécheur à Dieu, & fa grace fe fert de tous ces
dehors frappans: on eft vivement touché d'une
fin tragique, ou d'une mort imprévue ; c'eft
la perte d'un ami, d'un protecteur ; c'eft un
revers de fortune ; c'eft un affront reçu dans
une certaine place ; c'eft le châtiment, ou

peut-être le changement fubit d'un libertin ;
c'eft une lecture, un difcours effrayant qu'on
entend, c'eft une cérémonie touchante, un
renoncement public au monde, dont le fpectacle attendrit. Le vice dans ce moment perd
tous fes attraits : on fent la fragilité des ref-
fources humaines, on voit difparoître toutes
les efpérances qu'on avoit pour le fiècle ;
c'eft une mer où l'on n'a plus que des nau-
frages à craindre ; on embraffe la vertu comme
par défefpoir : mais c'eft fouvent la converfion
des matelots, qui ne dure qu'autant que la
tempête : le calme revient, l'ébranlement de
l'imagination fe rallentit ; on recommence de
voir les objets avec des regards plus tran-
quilles, ceux qui caufoient des frayeurs ne
paroiffent plus fi terribles ; ceux des nouveaux
defirs ne touchent plus ; on revient vers
celles des paffions qu'on paroiffoit avoir quit-
tées ; on fe fent enfin plein de froideur pour
Dieu, parce qu'il ne refte dans l'efprit aucune
lumière qui faffe impreffion, & que le bien
n'avoit pris aucune racine dans le cœur.

Eft-ce donc un mal de fe livrer à ces impreffions fenfibles ? Non fans doute. Les converfions ont rarement d'autres commencemens : prefque perfonne ne fe donne à Dieu,
qui n'ait été touché de quelque crainte, ou
ébranlé par quelque autre vue frappante :
mais il faut que l'inftruction & les retours
fréquens fe joignent aux fenfibilités. La piété

folide & perféyérante n'eſt que le fruit des plus férieuſes & des plus longues réflexions foutenues d'une prière fervente qui attire la grace. Ce n'eſt point ici l'ouvrage d'un jour qu'on quitte & qu'on reprend comme l'on veut, & dont le fuccès ne dépend pas de fon intégrité. C'eſt la tour qu'il faut bâtir ; on fuppute ce qu'il en doit coûter pour achever l'édifice. C'eſt une guerre qu'on entreprend contre le monde & contre foi-même ; on meſure ſes forces, on s'aſſure de ſes reſſources pour les befoins, on compare ſes difpofitions avec les devoirs dont il faut ſe charger ; on ſe pénétre fortement de la néceſſité de travailler à fon falut, & du danger qu'il y a à différer ; on fonde ſon cœur, on étudie ſes maladies, on ſe convainc de la nature & de la néceſſité des remèdes, on affermit ſa foi, on prend de fermes réfolutions, on approfondit les gran - des vérités qui font la bafe de tout, on les médite, on agit alors par lumière autant que par goût & par fentiment ; & comme la vertu n'eſt plus fimplement l'effet d'une ferveur paſſagère, elle eſt moins ſujette à l'inconf- tance, fur-tout, comme nous avons déjà remarqué, quand elle eſt foutenue par une prière perféyérante.

PRIERE.

MAIS après tout, Seigneur, quand pourrez vous vous fier à moi, quand pourrai-je m'y fier moi-même ? Quand pourrai-je préſumer de ma conſtance, moi qui ne ſuis que fragilité pure ? Hélas ! combien de fois ai-je cru que mon zèle pour vous ne ſe refroidiroit plus, & combien de fois ſuis je retombé dans ma première indifférence ? Quel ſujet n'ai je donc pas plus qu'un autre de ne point compter ſur ces ardeurs auſſi prêtes à s'éteindre qu'à s'allumer, ſur ces accès de dévotion qui me reprennent & qui me quittent, ſans que mon cœur en ſoit devenu meilleur ? Que je ne compte pas même ſur mes ſoins les plus ſérieux, ſur mes efforts les plus aſſidus, ſur mes deſirs les plus ſincères, ſi vous ne les ſoutenez. Vous êtes ſeul, mon Dieu, toute ma reſſource & toute ma force, je ne puis mettre qu'en vous ma confiance ; & que puis-je vous dire, ſinon de vous ſaiſir, de vous aſſurer de moi, ſi vous voulez par votre miſéricorde que je ſois conſtamment à vous ?

POUR LE MARDI.

DE L'ÉPITRE.

Je vois que ce Peuple a la tête dure : laissez-moi faire ; que ma fureur s'allume contre eux, & que je les consume. Exode, chap. 32.

L'ENVIE d'avoir un Dieu visible, a fait représenter la divinité sous toutes sortes de formes : les oiseaux, les bêtes, les serpens ont reçu les hommages suprêmes ; l'erreur humaine adoroit tout, excepté celui qui a tout fait. Mais il falloit que les Israëlites eussent en effet la tête bien dure, pour retomber dans cet aveuglement après les instructions de Moyse. Il y avoit dans leur inconstance une stupidité révoltante, & digne d'enflammer toute la colère de Dieu contre eux. Mais ce tableau ne nous représente-t-il pas au naturel, & n'est-ce pas toujours contre nous mêmes que notre zèle se tourne, quand nous entrons dans les intérêts de sa justice contre les coupables ? croyons - nous que notre Dieu ignore la valeur des choses, & ne l'irritons - nous pas aussi par de continuelles idolâtries ? Il n'y a plus d'idoles grossières parmi nous, on en est revenu depuis long-tems, & il n'y en a pas toujours eu dans le

monde; mais il y a toujours eu des idolâtres.
Nous le sommes trop réellement toutes les
fois que nous rendons à la créature une partie de l'honneur qui n'est dû qu'au Créateur ;
toutes les fois qu'un amour déréglé nous fait
préférer nos plaisirs à nos devoirs. Le culte
que Dieu demande de nous, c'est la pureté
des mœurs & l'innocence de la vie : quiconque péche se fait une divinité de ce qu'il aime
dans le péché. La Doctrine de S. Paul y est
formelle, & le Saint Eprit qui parle par la
bouche de cet Apôtre, ne traite pas autrement, par exemple, un intempérant.

Que le pécheur se présente donc Dieu
tel qu'il se montre ici à Moyse, toujours piêt
d'éclater contre les impies, toujours prêt à
les consumer dans le feu de sa colère. A chaque faute volontaire que nous commettons,
nous armons son bras contre nous, & son
indignation redouble quand cette même faute
nous avoit été pardonnée comme aux Israëlites. Rien ne marque plus en nous cette dureté
qu'il reprochoit à son ancien Peuple, que d'a-
voir été tiré des ténèbres de l'ignorance, d'a-
voir appris à lui rendre des hommages dignes
de lui, de les lui rendre en certains momens, de
marcher par intervalle dans la voie de ses préceptes, & de s'en détourner avec la même facilité que si l'on ne le connoissoit pas. Voilà ce
qui l'irrite, & ce qui doit nous tenir dans
de continuelles allarmes sur ses châtimens.

Qui est-ce qui le retient? Ce sont ses miséricordes, sans doute, ce sont peut-être les
prières de quelqu'un de ses serviteurs, ce sont
certainement les gémissemens continuels de
son Eglise. Qu'est-ce qui peut le porter à
nous épargner, si ce n'est la vue de sa
propre gloire, & de conserver en nous ses
premières graces. Que notre orgueil se taise,
s'anéantisse; il y a long-tems que c'en seroit
fait de nous, s'il ne considéroit en nous que
nous-mêmes.

PRIERE.

QUEL cœur, Seigneur, faut-il avoir, ô mon
Dieu, pour oser se roidir contre vous,
& pour affronter votre juste vengeance? Je
sais, ou je dois savoir, qu'à la moindre offense
vous pouvez m'écraser; que vous auriez pû
me consumer pour les premiers péchés que je
commis dans ma jeunesse, & je retombe sans
cesse dans des infidélités plus connues &
plus volontaires. Hélas! Seigneur, pourquoi
votre bras demeure-t-il suspendu? Qui peut
empêcher vos coups de tomber sur moi?
Que serois-je devenu, si vous étiez moins
bon? Mais parce que vous êtes bon, faut-il
que je sois mauvais? Non, c'en est trop.
Brisez, Seigneur, brisez la dureté de ce
cœur qui vous résiste & qui vous insulte

avec tant d'audace : que je ne m'endorme pas plus long-tems dans ma folle préfomption : que je m'arme moi-même pour prévenir votre colère ; & qu'en me puniffant de mes péchés paffés, je craigne d'en commettre de nouveaux.

DE L'EVANGILE.

Si quelqu'un veut faire la volonté de Dieu, il reconnoîtra fi ma doctrine vient de lui. S. Jean, chap. 7.

CE font les mœurs qui conduifent à l'intelligence : c'eft l'expérience qui fait fentir la vérité des maximes de Jefus-Chrift. Qu'on fe charge de fon joug, on y trouvera le repos de fon ame : alors tous les préjugés de la chair & du fang, & tous ces vains raifonnemens qu'on forme contre une vie vraiment chrétienne, s'évanouiffent. On en croit les devoirs impraticables : les retranchemens, les violences, & les facrifices qu'elle exige paroiffent à tous égards au-deffus des foibleffes de la nature : on trouve même de la baffeffe & de la folie dans certains fentimens, contraires au penchant de l'amour-propre : on eft fi perfuadé que la piété n'eft qu'un tourment de l'ame, & qu'une fource de mélancolie, qu'on aime mieux croire qu'elle eft fauffe ou qu'elle fe dément lorfqu'elle laisse cette liberté d'esprit & cette paix du cœur dont les justes jouissent : on ne lui pardonne point de paroître tranquille, quoique modeste, & il semble qu'on veuille lui ôter le privilége de rendre elle seule l'homme heureux au milieu des contraintes & des violences qu'elle exige de lui pour se soutenir. Renoncer à toutes les vûes de la chair & du sang, combattre toutes ses mauvaises inclinations, s'interdire un desir, une parole, un regard, se priver de toutes les fausses joies du monde, être indifférent à ses prospérités, insensibles à ses disgraces, se contenter de Dieu seul, & ne chercher son plaisir que dans l'innocence ; tout cela, dit-on, n'offre aux sens qu'une image de mort, qu'un fond insupportable de noirceur & de tristesse.

Mais quelle preuve en ont ceux qui le pensent ainsi, & qui le disent tous les jours ? Sont-ce les gens de biens qui le leur ont appris ? Est-ce l'expérience qu'ils en ont faites ? Quel droit ont-ils donc de prononcer sur le bonheur ou sur le malheur d'une destinée dont ils n'ont pas essayé ? Un esclave qui ne porte le joug du Seigneur que par la crainte du châtiment, peut y trouver des rigueurs : celui qui n'aime pas la loi, qui hait dans le fond du cœur des devoirs mêmes auxquels il paroît se soumettre, qui ne se donne à la vertu qu'avec réserve, qui voudroit se partager entre les plaisirs des sens & les délices de l'esprit ; celui-là pourra se plaindre, il en porte la raison dans lui-même ; car un cœur divisé n'est point en paix : mais qu'il se livre à l'Evangile avec une docilité parfaite, qu'il soit tout ce que Jesus-Christ lui commande d'être, doux, humble, chaste, modéré, détaché du monde, équitable, désintéressé, soumis en tout aux ordres de la Providence ; qu'il ne veuille avoir que Dieu pour témoin de ses œuvres & de son cœur ; qu'il soit toujours prêt à lui remettre son ame ; qu'il soit enfin tout ce qu'un Chrétien doit devenir ; & il reconnoîtra que rien n'est plus digne de Dieu, plus nécessaire aux besoins de l'homme, plus conforme à sa nature & plus capable de rendre son bonheur parfait, que le Christianisme. La lumière luit ici à ceux qui veulent la suivre, & la fidélité se justifie par elle-même.

PRIERE.

OUI, mon Dieu, je rends ici avec joie tous les hommages qui sont dûs à votre Evangile, en me désabusant de plus en plus sur ces dehors austères qui en éloignent tant de cœurs charnels. Tandis que je n'y juge des devoirs de la piété chrétienne que par les préventions du monde profane, ils m'ont paru désespérans : l'homme aveugle qui veut jouir des vanités passagères, ne peut faire sur l'obligation de s'en priver, que des retours affligeans. Mais qu'il est doux de perdre par l'onction de votre grace le misérable goût de toutes ces fausses douceurs, & qu'on est heureux de pouvoir vous sacrifier ce qu'on avoit le plus craint de perdre! Achevez donc, Seigneur, achevez de me faire sentir au fond du cœur toute la sagesse aimable de vos loix, & que le bonheur d'être à vous redouble de jour en jour ma fidélité pour vous.

POUR LE MERCREDI.

DE L'EPITRE.

Je vous laverai, je vous purifierai..... Lavez-vous, purifiez-vous. Isaïe. chap. 1.

QUE Dieu nous promette ou qu'il nous ordonne de nous laver, ces deux expressions n'ont rien qui se contredisent : c'est Dieu qui nous lave, & c'est nous-mêmes aussi qui nous lavons. Malheur à qui présume de soi jusqu'à ne pas implorer pour tout le secours de Dieu! Mais malheur encore à qui présume du secours de Dieu jusqu'à l'attendre dans l'inaction. La grace n'exclut pas plus l'action que la Providence; il faut être bien persuadé que tout vient d'elle, mais opérer son salut comme si tout venoit de nous. Le laboureur n'attend pas que fon champ produife de lui-même; il le cultive, il le féme, il obferve les temps & les faifons les plus propres à lui faire porter une abondante moiffon. Nous prenons des alimens pour nous foutenir dans la fanté, nous ufons de remèdes dans la maladie, chacun s'applique à fon travail, à fon commerce, à fes affaires, à fes biens, à fa famille, comme fi tous les évènemens de notre vie n'étoient pas règlés par une prévoyance infaillible; & plût à Dieu que dans les befoins du tems, nos foins n'allaffent pas trop fouvent jufqu'à des inquiétudes indignes de la foi!

Pourquoi donc tant de délibérations & de raifonnemens, quand il s'agit de l'éternité? Pourquoi s'imagine-t-on que c'eft à la grace à tout faire? Si l'inquiétude étoit permife, ce feroit de ne pas porter affez loin fes prévoyances fur les moyens de la fanctification; ce feroit de négliger les moindres occafions d'exercer la vertu, ce feroit de ne pas exécuter avec affez d'exactitude tout ce que Dieu nous prefcrit, pour difpofer notre ame à fes opérations; de ne pas nous abandonner affez pleinement aux impreffions de fon efprit, de ne pas obferver à point nommé les têms favorables, & les précieux momens de fes vifites. C'eft la tentation & la peine des ames timorées : ce qu'elles font leur paroît toujours infiniment au-deffous de ce que Dieu

fait

fait pour elles : mais que cette pensée qui les décourage quelquefois mal-à-propos, serve du moins à nous instruire & à nous ranimer. Examinons-nous sur tous les défauts qu'elles se reprochent, & ne nous pardonnons rien ; ne nous endormons pas dans une fausse tranquillité ; n'ayons point de paix avec nous-mêmes, tant que nous ne pourrons pas nous rendre ce témoignage, que notre salut est pour nous l'intérêt dominant, l'affaire qui ne souffre aucune interruption, où toutes les autres doivent se rapporter, où tout ramène nos pensées, tout réunit nos attentions, & où rien ne se fait sans nous, comme rien ne s'y fait sans celui qui nous sauve. C'est à nous de suivre toutes les vues qu'il nous donne, de mettre à profit toutes nos reconnoissances, & de nous bien convaincre que nous ne devons épargner ni nos veilles, ni notre industrie, ni notre activité.

PRIERE.

D'OU me vient donc, Seigneur, tant de pesanteur, tant d'indolence pour des devoirs si décisifs ? Je me vois rempli de foiblesses infinies ; je vois mon ame souillée de mille taches qui la défigurent à vos yeux, & je me laisse périr dans mon humiliation ; j'attens que vous me laviez selon votre promesse. Aidez-moi donc, ô mon Dieu, lavez-moi, puisque sans vous tout est impur : mais

que je n'oublie auſſi jamais l'ordre que vous
me donnez de me laver moi-même, de coo-
pérer à vos graces, & de n'être jamais aſſez
inſenſé pour croire que vous me formerez à
la vertu ſans travail, ou que vous me récom-
penſerez ſans vertu.

DE L'ÉVANGILE.

*Jéſus en paſſant vit un homme aveugle dès ſa
naiſſance.* S. Jean. chap. 9.

L'EVANGILE de ce jour qu'on ne peut ſe
laſſer de lire ou d'entendre , n'eſt que
l'hiſtoire du miracle que fit Jeſus-Chriſt en
donnant la vûe à un aveugle né. Comme il
étoit fort connu, ce prodige fit grand bruit,
& cauſa une grande diſpute, dont lés circonſtances réunies ſuffiſent pour pouſſer l'incrédulité à bout en mettant en évidence ce qui
en eſt d'ordinaire la malheureuſe ſource.
Rends gloire à Dieu, lui diſent les Phariſiens
après pluſieurs queſtions affectées : nous ſavons que Jeſus eſt un méchant homme, &
qu'ainſi il eſt impoſſible qu'il ait fait un tel
miracle. Si c'eſt un méchant homme , répond
naïvement cet aveugle éclairé, je n'en ſais
rien : tout ce que je ſais, c'eſt que je ſuis né
aveugle, que depuis qu'il m'a touché je vois
parfaitement bien, & que Dieu n'écoute pas
les pécheurs pour opérer pas eux de tels prodiges ; ſi Jeſus n'étoit pas un homme envoyé

de Dieu, il ne pourroit pas faire les merveilles que vous lui voyez faire tous les jours. Et qui a jamais oüi dire jusqu'ici qu'on ait donné la vûe à un aveugle de naiſſance? Il en eût dit davantage, ſi les Phariſiens ne l'euſſent arrê-té, en lui reprochant avec colère qu'il vou-loit donc devenir diſciple de Jéſus; que pour eux ils n'avoient garde d'en faire autant ; qu'ils aimoient mieux être diſciples de Moïſe qu'on ſavoit être venu de Dieu, au lieu qu'ils ne ſavoient d'où venoit ce Jeſus : ſur quoi cet homme éclairé reprit d'une manière admi-rable : C'eſt ce qui eſt fort étonnant, que vous ne ſachiez d'où il eſt, & qu'il m'ait pourtant ouvert les yeux.

On apperçoit donc dans cet Evangile deux ſortes d'aveugles : un aveugle de corps & des aveugles d'eſprit. Le premier eſt cet homme même à qui le Sauveur rend la vûe par un miracle, qui eſt une preuve manifeſte de ſa divine miſſion. Les aveugles d'eſprit ſont les Phariſiens qui, au lieu de reconnoître la divi-nité de Jeſus-Chriſt, le contrédiſent, le ca-lomnient ouvertement, chaſſent avec outrage de leur aſſemblée le pauvre homme qu'il ve-noit de guérir, & qui leur racontoit ingénue-ment ce qui s'étoit paſſé en ſa perſonne. Il n'eſt pas difficile, en conſidérant ces deux ſortes d'aveuglement, de diſcerner lequel eſt tout à-la-fois le plus déplorable & le plus commun. Le malheur de l'aveugle né n'eſt qu'un malheur temporel qui peut arriver à tout homme ; mais celui des Pharisiens est un effet de leur pure malice : ils sont dans les ténèbres, & ils veulent bien y demeurer (*a*) : tel est l'état où le péché réduit un grand nombre de Chrétiens, & on ne sauroit trop considérer par quels dégrés ils y tombent. D'abord, selon les termes de l'Ecriture, on ne fait pas assez d'attention aux vérités de la Religion, & on cherche même à les diminuer (*b*) ; on les oublie & on veut bien les oublier, pour n'en être pas averti, & ne point avoir lieu de les pratiquer : bientôt après on les méprise jusqu'à leur préférer la vanité & le mensonge, & on vient enfin jusqu'à les combattre avec une opiniâtre résistance. Jean-Baptiste dit la vérité à Hérode & à la femme de son frère : ils prennent la résolution de l'étouffer dans son sang, dit S. Augustin (*c*). Saint Paul préche l'Evangile à des esprits opiniâtres & incrédules, & dès là même ils deviennent ses ennemis. (*d*) Etat déplorable qu'on ne sauroit trop redouter ! Et de quoi n'est pas capable la corruption du cœur humain, quand sa propre malice lui sert de conduite & de guide ?

Mais pour mieux comprendre quel est cet aveuglement spirituel, considérons les effets qu'il produit & tremblons. Il empéche l'ame de voir le bien que Dieu demande d'elle :

(*a*) *Sag.* 2. 21. (*b*) *Ps.* 11 *Isaie.* 59. 15. (*c*) *Aug.* *Serm.* 20. (*d*) *Gal.* 4.

enforte qu’elle n’en connoît plus ni le prix ni la fouveraine juftice ; & fon cœur brûlant de mille paffions différentes, pouffe de fi noires fumées, que fa raifon obfcurcie ne voit plus le foleil de juftice & fa divine lumière, *Super-cecidit ignis, & non viderunt folem* (a) : & trop fouvent cet obfcurciffement lui ferme les yeux, non-feulement à l’égard du bien qu’elle doit faire, mais encore à l’égard du mal qu’elle doit éviter. Si un aveugle felon le corps vient à tomber, il s’en appërçoit bien-tôt par la douleur qu’il en reffent, il ne s’amufe point à foutenir qu’il n’eft pas tombé, il prie qu’on le fecoure, & fait tous fes efforts pour fe relever ; mais celui dont l’ame eft volontairement aveugle, ne fait fouvent, felon l’oracle du Sage, ni quand, ni jufqu’où il tombe (b) : tous les pas qu’il fait font prefque autant de chûtes dans de nouveaux précipices, & d’autant plus dangereux, qu’il ne s’en apperçoit pas (c). Pour comble de malheur enfin, l’aveugle fpirituel prend le mal pour le bien, le bien pour le mal, l’erreur pour la vérité, la vérité pour l’erreur, & il fe livre tranquillement à fes defirs déréglés, qui le conduifent ordinairement à la réprobation. C’eft ce qui arrive aux Philofophes payens, dit S. Paul (d) : Dieu, par un jufte jugement, les a abandonnés à un fens aveugle & réprouvé

(a(*Pf.* 57. (b) *Prov.* 4. (c) *Soph.* 1. 17. *Ifaïe* 50. 20. (d) *Rom.* 4.

capable de plus énormes chûtes , parce qu'ils ont été toute-à-la-fois superbes & ingrats. C'eft ce qui arrive encore à certaines perfonnes dans les profeffions même les plus réguliè-res ; & fi l'on veut chercher la caufe de leurs chûtes honteufes, on trouvera qu'il n'y en a point d'autre que leur ingratitude envers Dieu. C'eft à chacun de nous à bien examiner s'il n'eft coupable en rien de cet aveuglement fpiri-tuel , & quel effet il peut avoir produit en lui dans le cours de fa vie.

PRIERE.

MAIS c'eft vers vous fur-tout, Sauveur de tous les hommes , que nous devons ici élever nos voix , & pouffer nos cris du fond le plus intime de notre ame , pour être préfervés à jamais d'un tel malheur. L'homme que vous daignez éclairer aujourd'hui par un miracle fi éclatant, n'a , par fa guérifon , ni borné votre puiffance , ni épuifé votre bonté. Vous êtes encore , & vous ferez toujours la lumière du monde , puifque vous nous avez laiffé dans votre Evangile la doctrine & les exemples par lefquels vous avez éclairé les hommes du-rant votre vie mortelle. Mais ouvrez nos yeux par votre grace , & donnez - nous cette vue fans laquelle la lumière qui nous inveftit de toute part , ne peut fervir qu'à rendre plus condamnable notre aveuglement volontaire. Donnez-nous la foi , l'obéiffance , la reconnoiſſance & la générofité de cet aveugle à qui vous rendites la vue de l'ame avec celle du corps. Il crut à votre parole, Seigneur, & il fit pour être guéri tout ce que vous lui ordonnâtes : il publia par-tout le miracle par lequel vous lui aviez fait voir la lumière ; il confeſſa hautement devant les Pharifiens, & il eut la gloire de défendre votre fainteté contre leurs calomnies. Vous perdrez un jour, Seigneur, & ceux qui vous combattent & ceux qui vous abandonnent. Purifiez-nous donc, afin qu'aucune paſſion ne nous rende vos ennemis ; fortifiez-nous, afin qu'aucune crainte ne nous empêche d'être vos défenſeurs, & qu'àprès avoir combattu en votre nom & pour votre nom, nous méritions de triompher dans votre gloire.

POUR LE JEUDI.

DE L'ÉPITRE.

Vous ai je demandé un fils, mon Seigneur? Ne vous difois-pas : Ne me trompez point par vos promeffes? 4. Liv. des Rois. chap 4.

LA Sunamite qui parle ici à Elifée, fe feroit confolée de n'avoir point de fils : mais elle ne fe confole point d'avoir perdu celui qu'elle avoit : elle n'en demandoit point, & le peu d'efpérance d'en avoir, l'avoir accoutumée à n'en plus fouhaiter. Il eft plus aifé de ne point defirer les biens de ce monde, que de les poffeder fans attachement, ou de les quitter fans regret. Les demander à Dieu, c'eft donc ne favoir ce qu'on demande, c'eft lui demander des fources de tentations, & des fujets de partager un cœur qu'il veut tout entier ; c'eft vouloir remplir fon efprit de penfées inquiétes & de follicitudes capables de faire oublier l'intérêt même du falut. Envain fe flatte-t-on de la pureté de fes vues, & de la modération de fes fentimens : nous ne fommes le plus fouvent tels ou tels, que felon les occafions où nous nous trouvons : le détachement de certains objets eft communément la vertu de ceux qui ne les ont jamais connus, ou qui ne les poffédent pas ; & cette vertu s'évanouiroit bientôt dans la plûpart, s'ils les poffédoient, parce que le plaifir de la poffef-

fion les fait regarder comme une partie de foi-
même & de fon bonheur. Le grand défordre de
l'homme eft d'aimer à jouir de ce qui ne nous
eft donné que pour l'ufage, & de fe confidé-
rer comme le maître de ce que Dieu ne fait
que confier à fes foins.

Le vrai fage eft donc celui qui fe contente
du néceffaire, qui le réduit à peu, parce qu'il
en connoît l'étendue, & qui, fur tout le refte,
demeure dans l'indifférence. Ne rien demander à Dieu, recevoir ce qu'il donne avec reconnoiffance, en ufer felon fes deffeins, étudier ce que fes dons nous impofent de devoirs, mais n'y mettre point fon cœur : ne
point oublier que nous n'avons rien que nous
n'ayons reçu, que tout ce que nous poffédons
hors de nous-mêmes nous eft abfolument
étranger ; que nous n'avons rien apporté dans
ce monde, que nous n'en emporterons rien ;
que nous fommes fortis nuds du fein de notre
mere, & que nous rentrerons nuds dans le
fein de la terre. Avec ces penfées fortement
imprimées dans l'efprit, & foutenues de la
piété qui fait naître le fentiment dans le
cœur, le riche fe défendroit fûrement de la
tentation de s'attacher aux richeffes, & le
pauvre de celle d'en defirer : celui-ci feroit
tranquille dans la privation ; & celui là foumis
à Dieu dans les pertes. Il m'avoit tout donné,
difoit Job, il m'ôte tout ; il eft le maître ab-
folu, & je dois le bénir de tout.

N v

PRIERE.

HEUREUSE indifférence, quand régnerez-vous dans mon cœur, & si parfaitement, que ce qu'on appelle grands objets dans le monde, ne l'occupent pas plus que les petits. Quand en viendrai-je, Seigneur, à ne rien desirer, à ne vous rien demander, sinon que votre volonté soit faite, à n'aimer dans vos dons que vous-même, & les devoirs que vous me faites en me les accordant ? Réveillez sans cesse dans mon esprit cette pensée solide, que je ne les avois pas hier, que je ne les aurai plus demain, & que c'est une folie de m'y attacher aujourd'hui : que je n'aie enfin d'avidité que pour le seul bien qui peut remplir tous mes desirs : que l'espérance de vous posséder, mon Dieu, me dédommage de toutes les autres privations ; que je sente uniquement la joie d'avoir tout quand on vous posséde, & que je croie n'avoir jamais rien perdu quand je ne vous perds pas.

DE L'ÉVANGILE.

Jesus rendit l'enfant ressuscité à sa mere, & tous ceux que étoient présens bénissoient Dieu. S. Luc. chap. 7.

LA résurrection des morts selon l'esprit, doit toucher également les justes & les pécheurs : ceux-là, par le souvenir de ce qu'ils doivent à la grace; ceux-ci par la vue de ce qu'ils peuvent en espérer. Il n'est point de situations si éloignées du salut, où Dieu n'aille chercher les hommes, point d'abîme, de désordre d'où sa bonté ne les retire, point de crimes dont la noirceur rebute ses miséricordes. Il convertit des pécheurs de tout âge, de tout sexe & de tous états ; les uns ne font encore que s'endormir dans le péché, comme la fille de Jaïre ; les autres font déjà comme emportés vers le tombeau par la force de leurs passions, comme le fils de la veuve de Naïm, d'autres enfin ont déjà croupi long-temps dans la corruption de leurs vieilles habitudes, comme Lazare. Dieu ne fait d'eux aucune différence, parce qu'il trouve en soi-même les motifs de son choix : ingratitude pour ses bienfaits, insensibilité pour ses promesses, indocilité à ses corrections, mépris de ses menaces, résistance à sa voix, obstination dans le vice; rien ne lui peut faire oublier ses bontés.

N vj

Quand on le voit donc enlever au monde & aux paſſions ces inſignes pécheurs ; quand on le voit les ramener à lui par les attraits d'une grace puiſſante, une ame redevenue fidelle, doit d'abord s'attendrir à ce ſpectacle, & ſe dire à elle même avec de nouveaux ſentimens de gratitude : Voilà ce que j'étois autrefois, & ce que Dieu fit pour moi : voilà ce que je ſerois encore, s'il n'avoit eu pitié de ma misère, & s'il ne m'avoit rappellé des portes de l'enfer. Un autre ſe voit encore comme aux priſes avec la mort ; il hait ſes chaînes, & craint pourtant de ne les pouvoir rompre ; il voudroit revenir à Dieu, mais il ſe trouve effrayé par cet eſpace immenſe que le péché met entre lui & l'homme. Or dars cet état même il doit ſentir ſa confiance ſe ranimer, en ſongeant à cette clémence qui rend ſon Seigneur ſi porté à pardonner, qui le tient toujours prêt à recevoir ceux qui reviennent ſincèrement à lui, & qui ne rejette jamais le ſacrifice d'un cœur briſé par ſes regrets. Si par les premiers mouvemens de la grace, il a déjà fait quelques pas pour rentrer dans les voies du ſalut, rien n'eſt plus propre encore à l'encourager dans ces triſtes momens où la vue du paſſé le trouble, ou la terreur des jugemens de Dieu l'agite, où la dureté de ſon cœur l'afflige, où il ne ſait enfin s'il eſt digne d'amour ou de haine. Qu'il ſe raſſure donc alors ſur ce que la gratitude de la

miféricorde a fait pour tant d'autres qui n'é-
toient ni moins foibles ni meilleurs ; qu'il
attende tout de Dieu qui veut nous fauver
tous ; qu'il réponde fidèlement à fes graces,
& qu'il le conjure par fes premiers foins d'a-
chever en lui fon ouvrage.

PRIERE.

OUI, mon Dieu, fource éternelle & iné-
puifable de bonté, j'oferai vous en faire
reſſouvenir ; Dieu d'Abraham, vous favez lui
former des enfans quand il vous plaît, & les
faire naître du fein des pierres mêmes : Dieu
Sauveur, vous avez changé les loups en
agneaux, les perfécuteurs en Apôtres ; vous
avez reçu les pécheurs, vous avez abfous les
péchereſſes, vous avec guéri les malades,
vous avez reſſufcité les morts ; & par tous ces
traits différens de votre bonté, vous m'avez
donné dans tout état des efpérances auxquelles je ne renoncerai jamais ; vous m'avez
déjà remis au rang de ceux qui vous fervent
dans votre maifon ; vous m'avez appellé
comme eux, vous me juftifierez de même,
vous m'accorderez enfin le fort de vos élus,
& vous me réunirez à tous vos Saints pour
chanter éternellement comme eux vos miféricordes.

POUR LE VENDREDI.

DE L'EPITRE.

Falloit-il que vous vinssiez chez moi pour faire revivre devant Dieu la mémoire de mes péchés? 3 Liv. des Rois c. 17.

C'EST un sentiment naturel à la piété, de penser que les afflictions de cette vie sont les peines du péché. Dieu est bon de lui-même, mais il est juste à cause de nous : il trouve dans son propre fond le motif des graces qu'il nous fait, & dans le nôtre celui des châtimens dont il nous punit. Si l'homme n'eût jamais péché, il n'eût connu son Dieu que par les effusions de cette bonté qui fait le caractère de sa nature : mais il l'a forcé d'exercer sur lui sa justice, par la nécessité de venger sa gloire offensée en le punissant. Ainsi, sous ce juste Juge, après le péché du premier homme, personne n'est malheureux que parce qu'il est coupable : mais le pécheur, tout coupable qu'il est, ne veut pas comprendre qu'il est lui seul la cause des maux qu'il souffre. Le desir de la félicité survit en nous à la perte de l'innocence, & ce desir nous inspire la pensée ou que Dieu n'est pas juste, quand il nous frappe, ou qu'il y a quelque excès dans ses rigueurs. Aveugle présomption qui nous jette dans l'impatience & qui redouble nos douleurs ! Le plus grand de nos maux eft toujours de ne pas fentir que nous les avons mérités. On fe recrie d'abord contre l'inhumanité d'un maître qui maltraite fes efclaves ; on accufe la dureté d'un père qui frappe fes enfans : mais quand la faute eft connue, le murmure ceffe, & la juftice du châtiment en fait approuver la févérité. Tandis que nous n'écoutons que nos fenfibilités, il y a toujours de l'excès dans nos peines ; la chair fe fouleve, l'impatience éclatte ; il femble que tout ce qui nous approche foit coupable ou complice de ce que nous fouffrons. Mais fi nous étions une fois bien convaincus que nos difgraces ne font que des fruits de notre juftice ; fi nous demandions de connoître & de fentir nos fautes, ce retour de lumière & de fentiment adouciroit bientôt nos déplaifirs, & étoufferoit du moins d'abord nos plaintes.

Pourquoi donc, nous diroit la Vérité au fond du cœur, pourquoi ne fouffrirez-vous pas patiemment ce que vous fouffrez fi juftement ? Eft-il fi difficile de vous perfuader que vous ne fouffrez pas fans fujet ? Confultez votre foi & l'idée qu'elle vous donne de la juftice de Dieu : fondez votre cœur & le fond de votre confcience ; examinez la nature des maux particuliers que vous endurez, & interrogez l'affliction même dont vous vous plaignez, tout vous dira qu'elle eft la peine du péché & de celui qui vous eft propre : car

Dieu fait fi bien faire entrer les péchés dans fon ordre, que ce qui fert au plaifir du pécheur devient l'inftrument de fa vengeance. Ce qui nous trompe, c'eft que cette vengeance eft quelquefois tardive. Dieu qui ne punit qu'à regret, laiffe une efpace au repentir. Mais revenez fur toutes vos voies, dit un Prophête, interrogez-vous au moment qu'il vous afflige, & toujours quelqu'injuftice marquée vous fera confeffer que vous fouffrez juftement. Les frères de Jofeph avoient oublié leurs crimes, tous leurs remords s'étoient étouffés ; ils en étoient venus jufqu'à lui répondre froidement à lui-même : *Il n'eft plus :* mais lorfqu'ils fe voient livrés à fa puiffance, l'image de ce frère injuftement facrifié leur revient : fa douleur méprifée, fes prières rejettées, voilà, difent-ils, la vraie caufe de notre malheur : le châtiment eft jufte, & nous l'avons bien mérité. On peut fe tromper, & on fe trompe fouvent fur les maux des autres ; on les attribue à des fautes qu'ils n'ont point commifes ; mais ne craignons jamais de nous faire la même injuftice : nous méritons certainement ce que Dieu nous fait fouffrir ; & nous ne rifquons rien à penfer que nous en méritons infiniment plus.

PRIERE.

A Quoi pensé-je donc, Seigneur, quand il vous plaît de m'affliger? Je cherche à me délivrer de mes maux, & je ne songe point à ce qui pourroit les adoucir. Je cours aux remèdes; ma patience n'est fondée que sur l'espérance des secours, & si les ressources me manquent, je me livre à toute la vivacité de ma douleur; je m'en prens à tout, j'accuse les saisons, la fortune, la nature, les hommes. Je porte ma bouche jusqu'au Ciel, & un aveugle désespoir me conduit jusqu'à me plaindre en secret de vous-même, tandis que c'est de moi seul que je dois me plaindre. Oui, mon Dieu, vous êtes juste, & vos jugemens sont remplis d'équité; je suis coupable, je le confesse devant vous, & j'ai mérité toutes vos rigueurs; faites donc que je m'y soumette humblement, & qu'elles soient au moins l'expiation des péchés dont elles sont les peines.

DE L'EVANGILE.

Otez la pierre. S. Jean, chap. 11.

UN obstacle qu'on ne veut pas lever, empêche le retour de la mort du péché à la
vie de la justice, & c'est ce qu'on ne sauroit
trop s'inculper, selon les différens dégrés
d'opposition que chacun peut mettre à la
grace. Un pécheur, par exemple, a cessé
d'être sourd à la voix de Dieu qui lui crie de
sortir du tombeau de ses désordres; il s'élève
du fond de sa corruption même un cri du
salut : une conscience déchirée par ses remords l'accable de divers reproches : mais on
a sur le cœur une pierre qui résiste aux motifs de conversion les plus pressans , & qui
s'oppose à l'exécution des bons desirs. On
dispute avec soi-même , on combat ses propres pensées, on veut renoncer à ses plaisirs,
mais on croit ne pouvoir s'en passer; on se
condamne , & on n'a pas le courage de s'exécuter : c'est une passion qu'on voudroit épargner jusqu'à un certain point; c'est une attache secrette dont on n'a senti la force que
depuis qu'on pense à la rompre : c'est un sacrifice qu'on se croyoit toujours prêt à faire,
& dont les approches font frémir la nature;
c'est un projet dont le succès auroit flatté la
vanité ; c'est un respect humain qui fait crain-
dres les jugemens des hommes ; c'est une fausse

honte qui se laisse accabler du poids de ses péchés, plutôt que de les découvrir. En un mot, quand ce ne seroit pas le sacrifice de quelque grand objet à faire, & qu'on se trouveroit exempt de ces crimes qui demandent certaines violences pour en sortir, chacun sait celles qu'il doit se faire pour guérir les plaies de son ame ; chacun connoît les conditions que Dieu exige pour en venir à un changement nécessaire dans sa conduite ; & pour l'ordinaire chacun emprunte en sa manière les sentimens & le langage des grands pécheurs, quand il s'agit d'ôter la pierre & de lever l'obstacle qui empêche un parfait retour vers Dieu.

Voilà les sources de ces funestes irrésolutions qui laissent échapper le moment de la grace, & qui rendent ses invitations inutiles : les *pourquoi* & les *comment* que l'amour-propre ne cesse de suggérer. Pourquoi se gêner jusqu'à un tel point ? pourquoi sacrifier tant de choses qui paroissent légitimes & compatibles avec un certain dégré de piété ? pourquoi s'interdire les douceurs de certains amusemens ? Comment pourrai-je m'en passer ? comment m'occuperai-je dans la retraite avec un esprit naturellement porté à la dissipation ? Comment soutiendrai-je une vie sérieuse, régulière, exemplaire, une vie de prière, de travail pour Dieu & pour le prochain ? Comment retiendrai-je ce penchant qui m'entraîne, cette habitude d'ufer de mon temps & de ma liberté comme il me. plait ? Comment me mettrai-je au deffus de certains refpects humains par une fingularité de conduite au milieu de ceux avec qui je vis ? Si l'attrait puiffant de la grace m'infpire, me faifit & m'entraîne toujours, à la bonne heure, & je ne demanderai pas mieux. Délibérations infenfées ! raifonnemens injurieux à l'efprit de la grace même ! Ne faut-il donc plus que l'homme coopère à fon falut. Ne nous perfuaderons-nous jamais que le péché ou le relâchement habituel ne fe quittent point fans violence ! Qu'on ne revient à une exacte vertu que par efforts, & que c'eft à nous à lever du moins la pierre & les obftacles que nous avons mis à notre retour ? Comment font ceux qui les furmontent ? Nous en coûte-t-il trop, quand il ne nous en coûte pas plus qu'à ceux qui font dans les mêmes engagemens ? Pourquoi ne pourrions-nous pas ce que tant d'autres ont pû, fans y être plus obligés que nous ?

PRIERE.

Ah ! je le pourrois, Seigneur, si je le voulois sincèrement ; je sens combien ma lâcheté vous fait d'injure & outrage votre bonté. Quelle excuse puis-je alléguer ? Que me demandez-vous de si difficile ? Qu'exigez-vous de moi que je n'eusse dû me prescrire à moi-même depuis long-temps ? En peut il trop couter pour sortir de l'état où je suis ? Quels sacrifices n'aurois-je pas dû vous faire, & ne dois-je pas rougir doublement d'avoir de si foibles obstacles à vaincre, & de les trouver insurmontables ? Ils ne le seroient plus pour moi, s'il s'agissoit de satisfaire mon orgueil & mon amour-propre. Non, Seigneur, je ne vous disputerai plus les réserves que je voudrois faire dans votre service, ni l'obéissance parfaite que je dois à un maître tel que vous. Je leverai la pierre quoi-qu'il m'en coûte, je sortirai de l'ombre de la mort comme vous me l'ordonnez. Trop heureux si je suis fidèle à rompre l'un après l'autre les liens qui m'empêcheront de courir dans vos voies avec une entière liberté de cœur. Mais ce que je promets ici, mon Dieu, c'est de vous que je dois l'attendre : donnez la moi cette volonté pleine qui me manque, & conduisez-moi vous-même dans cette voie de vos commandemens, où je desire de marcher.

POUR LE SAMEDI.
DE L'ÉPITRE.

Le Seigneur consolera son peuple, & il aura pitié de ses pauvres. Isaïe. chap. 49.

DIEU nous console après l'affliction, pour nous prouver qu'il nous aime lors même qu'il nous afflige. L'impatience dans les maux nous aveugle sur les desseins de celui qui nous les envoie. Nous nous imaginons qu'il est toujours en colère lorsqu'il nous laisse souffrir ; nous prenons un pere qui nous chérit & qui nous châtie, pour un ennemi qui veut nous perdre. Sion a dit dans son deuil : Le Seigneur m'a abandonnée, le Seigneur m'a oubliée. Soixante-dix ans de captivité font penser à ce peuple que Dieu sera pour lui sans retour, & c'est dans ce moment que Dieu va lui rendre ses anciennes faveurs, qu'il lui fait les promesses les plus magnifiques, les protestations de tendresse les plus touchantes. S'il manquoit de bonté quand il appésantit sa main sur nous, qui l'empêcheroit de nous écraser sous ces premiers coups, & de nous consumer dans le feu de sa colere ? Un souffle de sa bouche, un seul de ses regards nous anéantiroit, s'il n'avoit sur nous des vues de miséricorde.

Les afflictions, en effet, à qui les regarde d'un œil chrétien, montrent des utilités infinies, & nous avons plus de sujet de nous en réjouir que de nous en plaindre. Les oracles des saints livres y sont formels & répétés en mille endroits : Dieu ne nous blesse que pour nous guérir : les maux qu'il nous fait au-dehors sont les remèdes des maux de l'ame ; ils nous rappellent la pensée de nos péchés dont ils sont les peines, & nous portent à les haïr : ils nous découvrent sensiblement la vanité des biens du monde, l'instabilité des choses humaines, l'incertitude de la vie, la fragilité des appuis que nous trouvons dans les hommes & dans nous-mêmes : ils nous détachent enfin des créatures, & nous forcent à revenir à Dieu comme au seul bien qui ne peut nous manquer. Il est toujours bon qu'il nous afflige & qu'il nous humilie ; mais il nous seroit toujours funeste qu'il ne troublât point notre fausse paix. S'il y avoit moins de misérables sur la terre, il y auroit bien peu de Saints dans le Ciel. Les tribulations en font la route la plus commune ; il est rare que l'innocence & la fidélité constante soient les fruits du repos, de l'abondance & d'une vie aisée. Rien de si malheureux que la prospérité des méchans : l'impunité les endurcit dans le mal : tant que Dieu les épargne, ils se figurent qu'il les approuve ou qu'il les abandonne à leur propre conduite. Ainsi le pécheur qui jouit tranquillement de ses bienfaits, n'apprend point à craindre sa justice : c'est un enfant qui se perd, parce qu'on le laisse à lui-même ; son malheur est de pouvoir tout faire & de n'en être point repris.

PRIERE.

Heureux donc, Seigneur, heureux ceux que vous daignez corriger, contre qui vous daignez vous mettre en colère, & que vous ne séduisez point en dissimulant leurs fautes pour les en punir plus sévèrement au dernier jour ! Faites-moi bien entrer dans ces vûes de miséricordes, & alors je n'accuserai plus vôtre bonté, quand vous permettrez que je traîne mes jours dans la disgrace, dans la misère, dans les contradictions ou dans les infirmités. Je ne croirai que vous m'avez oublié, que quand vous me laisserez pécher tranquillement. J'aime mieux, mon Dieu, des cruautés qu'une si dangéreuse indulgence. Châtiez-moi donc, & soumettez en même-temps mon ame à tous vos traitemens les plus rigoureux ; multipliez sur moi vos coups à proportion de mes fautes ; faites seulement que si la nature en ressent encore de la peine en moi, la foi s'asche en recueillir les fruits, & compter par vos corrections mes progrès dans la sagesse.

DE

DE L'EVANGILE.

Personne ne se saisit de Jesus, parce que son heure n'étoit pas encore venue. S. Jean, chap. 8.

Si Jesus-Christ se fût conduit selon la prudence humaine, il n'eût pas parlé si librement dans le Trésor du Temple : c'étoit se livrer à ses ennemis, & s'exposer à toute la malignité de leurs desseins. Mais il avoit une règle plus sage & plus sûre à suivre ; c'étoit de faire la volonté de Dieu, sans se mettre en peine de tout ce qui pouvoit lui arriver de la part des hommes. Il savoit qu'ils n'auroient jamais de puissance sur lui, qu'autant qu'elle leur seroit donnée d'en haut ; que l'heure à laquelle il y devoit succomber, étoit marquée par son Père, & que tous leurs efforts n'étoient pas capables de la prévenir. Nos jours, nos heures, nos momens, tous les évènemens de notre vie, l'instant de notre mort, & toutes les circonstances sont marquées de même dans ses desseins éternels, que rien ne peut changer. Les craintes qui nous empêchent de faire notre devoir sont donc insensées : il ne faut ni s'exposer témérairement au danger, ni l'attendre sans nécessité : Dieu condamne également & le zèle indiscret qui s'avance contre ses ordres, & l'excès de timidité qui fait prendre des précautions contraires à la fidélité qu'on lui doit. S'il y a des combats à soutenir pour exécuter ce qu'il commande, c'est lui même alors qui nous y engage & qui se charge du succès : il ne nous arrivera que ce qu'il aura permis, il ne tombera pas un cheveu de notre tête sans lui. Que tout se déclare contre nous, que tout nous menace, que tout se soulève, que l'orage se forme & qu'il soit prêt d'éclater, Dieu n'aura qu'à souffler & tout se dissipera.

Penser autrement, c'est douter formellement de sa puissance, c'est faire injure à sa bonté : compter sur sa propre prévoyance & sur ses soins, c'est compter sur la foiblesse & sur l'incertitude même. Que nous reviendra-t-il de nos ménagemens, de nos réserves, des rafinemens de notre prudence & de nos véritables lâchetés? Ajouterons-nous une coudée à notre taille, un jour à nos années ? Tous ces soins inquiets que nous prenons de notre vie, ces craintes d'altérer notre santé, cette molesse qui nous fait laisser tout ce qu'il y a de pénible dans nos obligations, que produira-t-elle ? Notre heure viendra malgré nous : nos jours seront tranchés au milieu de ce long cours que nous nous étions promis, & nous aurons le déplaisir de n'avoir pas accompli l'œuvre de Dieu dans le monde : nous aurons négligé le présent qui nous étoit donné, pour avoir voulu pénétrer dans l'avenir qui n'étoit point de notre ressort ; & le passé ne nous offrira que des biens obmis & manqués, que des maux causés par notre faute, que des devoirs abandonnés ou mal remplis, que des injustices autorisées ou dissimulées, que des bonnes œuvres détruites, que des vérités étouffées. Nous aurons voulu conserver notre vie, & nous l'aurons perdue.

PRIERE.

JE vous remets donc, mon Dieu, toutes mes inquiétudes; mon sort est entre vos mains pour la vie & pour la mort; c'est à vous de me conduire, & de veiller sur moi dans le monde, & c'est à moi d'y remplir les desseins que vous avez sur moi. Que toutes mes attentions soient donc, Seigneur, de découvrir ce que vous demandez de ma fidélité dans chaque instant : que le but de toutes mes pensées soient de faire chaque chose dans son temps & dans son ordre, sans m'inquiéter des suites, & sans entreprendre sur vos droits pour les prévoir : que tous les maux dont le monde peut m'accabler, ne me détournent jamais de mon devoir, & que je ne connoisse point d'autre crainte que celle de ne vous être pas assez fidèle.

SEMAINE
DE LA PASSION.
REFLEXIONS POUR LE DIMANCHE.
DE L'EPITRE.

Combien plus efficacement le sang de Jésus Christ purifiera-t-il notre conscience des œuvres mortes, pour nous faire rendre un vrai culte au Dieu vivant ? S. Paul aux Hébreux. chap. 9.

C'EST la vertu efficace de cette oblation unique, que Saint Paul releve ici dans des termes si énergiques, qui la met infiniment au-dessus de toutes les hosties légales, & qui, par-là même, établit la confiance du Chrétien sur des fondemens inébranlables. C'est une vérité consolante que le pécheur comme le juste doivent toujours envisager dans le Sacerdoce & le Sacrifice de Jesus-Christ. Mais prenons garde aussi de nous en faire de fausses idées, comme s'il étoit mort pour nous dispenser de nos obligations, & des devoirs de la justice ; tous ses desseins se font réduits au contraire à former un peuple fervent dans les bonnes œuvres. Envain se repose-t-on sur ses mérites tandis qu'on néglige ses maximes. Rien n'est plus dange-reux qu'un sentiment confus qui fait allier l'espérance chrétienne avec une vie qui ne l'est pas. On croit que c'est honorer Jesus-Christ, de compter ainsi sur le prix infini de son sang : mais au fond, c'est que l'homme voudroit toujours que son salut ne lui coutât point de violence : on en cherche les assu-rances hors de soi même, & dans des moyens qui ne gênent point les passions. Le Juif vio-loit sans scrupule les loix du Seigneur, & croyoit trouver l'expiation de ses fautes dans le sang des taureaux & des boucs, ou dans quel-ques observances qui n'avoient rien de fort pénible. Le Chrétien mal instruit pense à peu-près de même. Jesus Christ s'est, dit on, livré à la mort pour nous ; les mérites de son sacrifice sont divins & infinis : cet auguste sacrifice se renouvelle tous les jours dans l'E-glise; il s'offre pour tous les fidèles, & sur-tout pour ceux qui sont présens : cette prati-que est facile, & on s'en tient là.

Quel indigne abus ! quel outrage à Jesus-Christ même ! nous a-t-il acquis le droit de pécher, ou de ne point expier nos péchés par les larmes du repentir ? Il est le médiateur de la nouvelle alliance, il est vrai ; mais toute alliance a ses conditions ; & celle qu'il exige, c'est de vivre selon l'Evangile qu'il a scellé de son sang, comme Moyse scella le Livre de la Loi du sang des victimes immolées. Il est le Pontife des biens futurs : c'est-à-dire que ses biens sont promis à ceux qui seront fidèles

aux conditions de son alliance. Pour recueillir les fruits de son Sacerdoce, il faut renoncer à tous les desirs du siècle, vivre avec modération, avec équité, avec piété, dans l'attente de la béatitude qu'il nous fait espérer,
après nous l'avoir méritée. Prétendre à l'effet
de ses promesses, & ne point travailler à s'en
rendre digne par l'accomplissement de ses
loix, c'est erreur grossière & volontaire, c'est
présomption pure & inexcusable. Réduisons
donc toujours nos mœurs à des règles précises, & ne nous faisons pas une Religion de
fantaisie : les vérités qu'elle nous apprend sont
liées l'une à l'autre, & se soutiennent mutuellement. L'effet du sacrifice & de la médiation
de Jesus-Christ, est de donner les conditions
mêmes d'où dépend le salut : nous ne pouvons
les attendre que de là, & notre premier,
comme notre continuel devoir, est de les demander pour les obtenir ; mais dans la vue
de les remplir en les observant ; mais dans
une pleine conviction que quiconque ne veut
pas vivre selon la doctrine de Jesus-Christ,
n'a point de part à son sacrifice : quiconque ne
veut point l'imiter, ne l'a point pour médiateur ; quiconque ne souffre pas avec lui, ne
sera point le cohéritier de sa gloire.

PRIERE.

HÉLAS! que de fausses espérances ne com-
fondrez-vous pas un jour, ô mon Dieu!
Qu'on se fait d'illusion sur vos bontés, &
qu'on entre peu dans vos vues sur le salut du
monde! Il semble que ce ne soit que pour sa
condamnation que vous ayez envoyé votre
Fils unique. Vous nous l'avez donné pour être
notre sanctification, mais on affecte d'oublier
que vous ne nous l'avez pas moins donné pour
être notre sagesse. Accordez-moi donc, ô
mon Sauveur, la double grace dont j'ai besoin, de vous regarder toujours avec une
confiance inébranlable, comme mon Pontife
& mon Médiateur, afin que je m'approche du
trône de votre miséricorde par une prière
fervente, & de vous considérer aussi toujours
comme mon Législateur & mon modèle, afin
que je suive vos maximes & vos exemples
avec une fidélité inviolable.

DE L'ÉVANGILE.

*Si je vous dis la vérité, pourquoi ne me croyez-
vous pas ? S. Jean, chap. 8.*

AVOUER les miracles de Jesus-Chrift, &
faire femblant de douter encore d'où
venoit fa doctrine, c'étoit vouloir s'aveugler
foi-même & fermer les yeux pour ne pas voir.
Mais l'incrédule eft encore forcé jufques dans
ce dernier retranchement : il ne faut qu'aimer la vérité pour reconnoître celle des
maximes de Jesus-Chrift : c'eft au cœur de
ceux qui les rejettent qu'il en appelle. Sa morale combat les paffions ; mais les paffions ne
font pas les premiers fentimens de l'homme,
ce n'en font que les dérèglemens. Il y a chez
nous un amour inaltérable de la juftice qui
nous fait approuver intérieurement la loi de
Dieu, qui nous en fait trouver les commandemens bons, juftes & faints ; mais cet amour
eft combattu par un penchant violent pour le
mal, qui nous fait nous roidir contre tout ce
qui le condamne. Nous ne voulons point approfondir, & nous aimons mieux rejetter certaines vérités fans les examiner, que d'être
contraints d'en convenir après les avoir exa-
minées. Nous portons donc dans notre fond
tout ce qu'il faut pour les croire ; mais nous
y portons auffi tout ce qu'il faut pour ne les
point pratiquer : voilà ce qui nous rend in-

crédule, selon les termes si souvent répétés de Saint Jean : Incrédulité cependant mal assurée, qui se dément elle-même ; & dès-lors incrédulité coupable & inexcusable qui augmente terriblement le poids de notre condamnation. Nous croyons réellement ce que nous voudrions nous persuader que nous ne croyons pas : nous cherchons à nous éblouir par des raisonnemens spécieux ; nous voudrions trouver la fausseté des principes dans les inconvéniens des conséquences, abandonner ce que nous savons, à cause de ce que nous ne savons pas, douter de la règle des mœurs, parce que nous ne saurions pénétrer la raison des mystères.

Mais malgré nous notre conscience réclame : il n'est personne qui ne voulût être ce que l'Evangile veut que nous soyons : nous ne haïssons jamais ses maximes que pour nous mêmes : nous les approuvons, nous les aimons dans ceux qui les suivent ; & si quelque chose nous choque en eux, c'est qu'ils ne les suivent pas assez ponctuellement. Nous serions charmés de ne jamais éprouver ni résistance ni contradictions de leur part ; de n'avoir rien à souffrir de leurs humeurs, de les trouver toujours paisibles, doux, patiens, désintéressés, équitables ; & moins on est Chrétien, plus on voudroit que les autres le fussent. Qui est-ce, sur-tout, qui n'aime pas le caractère de Jesus-Christ lui-même ;

en faisant abstraction de sa qualité divine de Sauveur? On trouve sa vie & ses sentimens si purs, si raisonnables, si soutenus dans la parfaite justice, qu'on sent bien que c'est-là ce que l'homme devoit être; & c'est ce qu'il seroit, en effet, s'il se formoit sur le modèle de ses vertus. Convaincu d'abord qu'il est fait pour une vie meilleure que celle-ci, ce seroit de ce côté-là que toutes ses affections se tourneroient : ennemi de toutes les passions dont les objets périssent, il travailleroit à combattre toute volupté sensible ; il ne songeroit pas même à se faire un établissement sur la terre ; il ne s'y croiroit arrêté pour un temps, qu'afin d'y faire la volonté de Dieu ; ce seroit son étude, son affaire, son plaisir ; sans cupidité, sans ambition, sans attache au monde, il y vivroit & le quitteroit sans regret, quand il plairoit à celui qui l'a créé de le rappeller à lui.

PRIERE.

VOILA, mon Dieu, le modèle aimable que vous m'avez tracé dans les discours & dans les mœurs de votre Fils unique. Faites donc que je compare toujours sa vie avec ses maximes, & que ses actions m'accoutument à goûter ses leçons, puisqu'il est dit de lui, qu'il a commencé de faire avant que d'enseigner. Mais comme ce n'est pas assez, ô mon Dieu, de m'avoir convaincu par votre exemple, que vos préceptes ne font pas impraticables, donnez-moi par votre grace de les pratiquer, & de mériter, par le détail de ma conduite, la gloire que vous promettez à vos fidèles imitateurs.

POUR LE LUNDI.
DE L'EPITRE.

Les Ninivites crurent à Dieu, & dirent : Qui fait fi Dieu ne s'appaifera pas? Jonas chap. 3.

CELA fignifie qu'ils crurent que Jonas leur parloit de la part de Dieu, & que ce qu'il leur difoit étoit très-vrai. Voilà pourquoi ils eurent recours fans délai à la pénitence; pour détourner de deffus leurs têtes la menace qui leur étoit fi clairement annoncée. Ils ne favoient pas, comme il eft ici expreffément marqué, fi Dieu auroit égard à cette pénitence, parce que Jonas ne leur en avoit rien dit; mais ils favoient certainement qu'il n'y avoit point d'autre moyen pour l'appaifer, & ils crurent que ce remède, qui étoit l'unique capable de les fauver, pourroit avoir fon effet. L'incertitude où eft ce peuple du fuccès de fa pénitence, ne l'empêche pas d'y avoir recours fans différer, & ne rallentit pas fon zèle un feul moment, dit Saint Auguftin:

les Chrétiens, fur la parole de Dieu même, font affurés du fuccès, & ils négligent un remède tout-à-la-fois fi néceffaire & fi certain. Dieu nous menace pour nous faire trembler, afin que, touchés d'une crainte falutaire, nous implorions fa miféricorde, & qu'en changeant de conduite, nous le forcions à changer lui-même l'arrêt qu'il femble avoir prononcé contre nous. Nous favons le moyen de l'appaifer; mais, ou nous le méprifons en comptant fur quelqu'autre reffource, ou nous le différons en nous promettant un autre temps, ou nous le rendons inutile en le pratiquant mal.

C'eft pour guérir toutes ces funeftes illufions, que le fpectacle touchant de Ninive pénitente nous eft préfenté devant les yeux, & que Jefus-Chrift même menace de l'oppofer un jour à ceux qui n'en auront pas profité. Ne nous trompons donc plus par les idées confufes d'une efpérance mal fondée : tout nous avertit ici de notre devoir, il n'y a point de temps à perdre. Les Ninivites avoient encore quarante jours, felon l'affurance du Prophête; dès le premier jour ils font pénitence : & nous différons tranquillement la nôtre, fans favoir fi nous avons encore un jour entier pour la faire ! Doit-on s'étonner fi leur exemple condamnera publiquement notre impénitence, & ne devons-nous pas craindre qu'il ne condamne dès maintenant notre pénitence même? Ils crurent en Dieu, & la foi leur inspira la crainte vive de sa justice avec l'espérance consolante de ses miséricordes. Ils se convertirent & renoncerent au péché : ils eurent recours à la prière, & crièrent à Dieu de toutes leurs forces : ils se couvrirent de sacs, &, assis dans la poussière, ils s'imposerent un jeûne très rigoureux : le Roi ne se distingua point du peuple, parce qu'il connut bien que les menaces de Dieu ne l'en distinguoient point : Les bêtes même se ressentirent de l'affliction commune ; & les Ninivites, pour marquer plus sensiblement la violence de leur douleur, négligerent le soin de leurs bestiaux, & ne penserent qu'à appaiser la colère de Dieu. Quel modèle, & quel sujet de condamnation pour des Chrétiens, s'ils ne se mettent en état d'en approcher avant le grand jour des vengeances !

PRIERE.

MAIS vous parlâtes par vous-même, Seigneur, au cœur des Ninivites tandis que vous parliez à leurs oreilles par la bouche de Jonas. Vous leurs donnâtes cette foi vive par laquelle ils crurent en vous : leur conversion & leur pénitence furent les premiers effets de votre miséricorde, qui leur fit demander & mériter le pardon qu'elle vouloit leur accorder. Parlez-nous de même, mon Dieu, convertiſſez-nous, & nous ſerons convertis. Faites-nous aſſûrer notre ſalut par une pénitence ſemblable à celle de ce peuple. Que notre repentir ſoit excité par la foi, qu'il produiſe la converſion du cœur & le changement de vie ; qu'il paroiſſe réel & ſincère par le renoncement entier au pèché, par la privation des plaiſirs, par l'humiliation de l'eſprit, par la mortification du corps ; qu'il ſoit accompagné de prières ferventes, de tendres larmes, de gémiſſemens intérieurs ; qu'il ſoit animé enfin de cette humiliation profonde, qui, par une forte conviction que nous ne ſommes dignes que de votre colère, nous faſſe mériter votre miſéricorde.

DE L'EVANGILE.

Si quelqu'un a soif, qu'il vienne à moi & qu'il boive. Saint-Jean, chap. 7.

Nous naissons tous avec le desir de la béatitude : c'est en nous comme une soif que rien n'appaise en ce monde. Notre cœur, qui ne trouve pas en soi de quoi se satisfaire, nous oblige à sortir de nous mêmes par mille desirs inquiets : avides de notre bonheur, nous saisissons tout ce qui flatte nos sens : toujours quelque objet nous occupe & nous fait former des projets de félicité : nous croyons poursuivre un bien solide, & c'est une eau qui s'écoule entre nos mains, ou qui ne fait qu'irriter notre soif : tous les biens créés ne sont que de foibles écoulemens détachés de leur source ; on les épuise dès qu'on s'y attache ; on en sent malgré soi le vuide & l'imperfection : ce qu'ils ont d'aimable & de touchant, n'est destiné qu'à nous avertir de chercher en Dieu ce qui n'est qu'imparfaitement hors de lui. Observons-le bien, tous ses dons, sans lui, ne nous suffisent pas ; il nous a faits pour lui même, & rien hors de lui ne peut contenter pleinement nos desirs. Plus on rassemble d'objets, moins on réussit souvent à se rendre heureux ; c'est, selon le Sage, la tonne percée qui ne se remplit jamais. Cependant rien ne nous désabuse ; cent fois trom-

pés par de fausses espérances, cent fois nous
en formons de nouvelles; & ce n'est pas là
le grand mal; c'est de se donner volontairement le change, c'est de chercher sa félicité
où elle ne sera jamais, c'est de ne pas se
convaincre pour toujours, que Dieu, qui
nous en a donné le desir, est seul capable
de le remplir.

Que celui qui a soif aille donc à Jesus-
Christ & qu'il boive : qu'il se convainque
bien que la plus grande de ses méprises & la
source de toutes ses inquiétudes, est de se
figurer un bonheur solide dans la jouissance
des créatures, sans en excepter ce qu'on appelle les délices de l'esprit & du cœur : Que
tous les biens du monde ensemble sont trop
bornés pour suffire aux desirs infinis qui re-
naissent sans cesse dans notre ame : que le
bonheur de cette vie, c'est de se bien persuader qu'il n'y en a point : que toute notre sagesse & notre philosophie est d'y chercher à rendre les ennuis du temps plus sub-
portables par l'espérance des biens à venir,
& d'assurer cette espérance par le soin de les
mériter. Hélas! qu'il est triste de le reconnoître ordinairement si tard, & de livrer ses
plus beaux jours à l'illusion & à l'enforcelle-
ment ! Que de temps on perd à se creuser des
citernes en r'ouvertes, à puiser des eaux mortes & bourbeuses! On court dans des sentiers
rudes & difficiles ; on se lasse pour des phan-

tômes de félicité qui s'évanouissent au moment qu'on alloit les saisir : toute la vie se passe à se tourmenter pour se satisfaire, & on ne fait qu'augmenter tout ensemble sa soif & ses épuisemens.

PRIERE.

QUE je devienne donc enfin, par votre grace, Seigneur, assez sage pour m'épargner toutes ces peines, avec le regret de les avoir perdues. A qui puis-je aller pour me désaltérer, si ce n'est à vous-même, qui êtes la source des eaux vives ! Ne m'ôtez donc pas mes desirs, ils m'avertissent de ma destinée ; mais apprenez-moi l'usage que j'en dois faire : guérissez-moi de cette soif insatiable des choses présentes, qui nous fait trouver notre tourment où nous cherchons notre repos. Que désormais, ô Dieu de mon ame, ô Dieu vivant, que désormais je ne sois altéré que de vous, afin que je commence de vous goûter ici bas, avec l'espérance de m'enyvrer éternellement du torrent de vos délices.

POUR LE MARDI.

DE L'EPITRE.

Les Babyloniens dirent au Roi : Abandonnez-nous Daniel qui a détruit Bel, & tué le Dragon. Daniel, chap. 14.

NOUS nous moquons avec raison de la folie de ces peuples qui présentoient sérieusement à manger à une Idole, & qui adoroient un dragon : mais sans outrer le paralléle, & à bien définir notre conduite, si nous sommes plus éclairés qu'eux, sommes-nous plus sages ? Nos Idoles sont les objets de nos passions ; donnons-leur le nom qu'il nous plaira. L'argent est le Dieu de l'avare ; le ventre est le Dieu de l'intempérant ; le plaisir, du voluptueux ; & l'homme se fait tous les jours une divinité d'une créature morte qui ne peut le rendre heureux, quoiqu'il cherche son bonheur en elle. Le péché fait autant d'esclaves que la superstition d'idolâtres ; & par lui nous devenons même les adorateurs du démon, appellé dans l'Ecriture le Lion & le Dragon, que les Justes foulent aux pieds. Sur ces idées & sous ces images tracées par la vérité même, hélas ! que de Babyloniens dans le sein même de l'Eglise,

& parmi ceux qui portent le nom de Chrétien ! C'eſt à nous à faire d'abord cette réflexion, en y ajoutant celles que nous fourniſſent d'autres circonſtances dans le ſujet de cette méditation : elles ſont toutes également intéreſſantes.

Daniel, captif & courtiſan du Roi de Babylone, ne reconnoît & n'adore, au milieu de la Cour, que le Dieu vivant & immortel ; il ne prend point de part à l'erreur & à l'impiété du Prince dont il eſt d'ailleurs aimé, & ne craint point de lui dire la vérité dans les occaſions, de s'expoſer à ſouffrir pour elle ; & c'eſt un grand exemple pour ceux qui, par l'état où Dieu les a mis, ſont obligés de vivre au milieu de la corruption du ſiècle. Ce Roi infidèle, qui aime & qui eſtime le Prophête, ne peut pourtant le ſauver, & ſe trouve entraîné par l'emportement de ſon peuple ; mais Dieu le ſauve, & nous apprend qu'il eſt le protecteur de ceux qui ne mettent leur confiance qu'en lui, qui n'ont en vûe que de lui plaire en ſervant les Princes de la Terre, & qui n'attendent que de lui la récompenſe des ſervices qu'ils rendent aux hommes par ſon ordre. Mais pour ſauver Daniel de la gueule des Lions auxquels il eſt donné en proie, dans une foſſe inacceſſible où il eſt abandonné ſans reſſource & ſans alimens, il falloit tout-à-la-fois ſuſpendre la faim de ces bêtes féroces, & ſoulager celle du Prophête. Dieu fait

l'un & l'autre, en montrant à des marques
si évidentes, qu'il se souvient de ceux qui
l'aiment, qu'il est tout-puissant pour les délivrer, qu'il n'y a rien à craindre pour nous en
le servant, & que les hommes ne peuvent
nous nuire malgré lui ; que s'il paroît nous
abandonner à leur violence, ce n'est que
pour nous sauver ensuite d'une manière plus
éclatante, & qu'en ne le faisant point, ce n'est
pas qu'il ne le puisse, mais qu'il trouve plus
à propos d'éprouver notre foi, & de couronner notre vertu.

PRIERE.

A La vue de tous ces exemples, Seigneur, & qui sont écrits dans les Livres saints pour notre instruction, faites vous
donc adorer de nous, vous qui êtes le seul
Dieu vivant, & qui pouvez seul donner
une vie éternellement heureuse à ceux qui
vous adorent. Elevez-vous dans notre cœur
au-dessus de tous les dieux que nous nous
forgeons tous les jours par nos passions ;
donnez-nous, comme à Daniel, de l'horreur & du mépris pour ce Dragon, à qui
tant d'ames s'asservissent par le péché, mais
qu'il est toujours aisé de surmonter avec le
secours de votre grace que vous ne nous
refusez pas. Faites-nous bien comprendre,
Seigneur, que Daniel sain & sauf au milieu

des Lions affamés, n'est pas un si grand miracle, que Daniel adorant le Dieu vivant au milieu d'une Cour idolâtre; & opérez ce grand miracle en notre faveur, en nous préservant de la corruption du monde avec lequel nous sommes obligés de vivre. Ne permettez pas qu'en rendant aux hommes ce que nous leur devons, nous manquions à ce que vous exigez de nous, vous, mon Dieu, qui pouvez nous sauver de leurs mains, quand ils voudront nous persécuter pour vous avoir été fidèles; vous enfin qui pouvez seul perdre le corps & l'ame dans la gêne d'un feu éternel, & à la justice duquel personne ne pourra nous dérober si nous vous irritons contre nous par nos offenses.

DE L'ÉVANGILE.

Si vous faites de si grandes choses, que ne vous faites-vous connoître au monde? S. Jean, chap. 7.

CE discours des parens de Jesus-Christ, est le langage secret de la vanité dans tous les cœurs. Il semble que les dons de Dieu les plus précieux, que ses graces même les plus gratuites ne soient destinées qu'à nous acquérir l'estime des hommes. Un desir impatient de la gloire nous feroit tout rapporter à cette fin, si nous l'écoutions: nos talens

naturels, nos qualités acquises, nos vertus &
nos actions les plus saintes seroient sacrifiées
à cette vaine espérance. C'est une folie de
savoir, disoit un Payen aveugle, si quelqu'autre ne sait ce que vous savez. C'étoit aussi le
principe détestable des Pharisiens & des autres hypocrites à qui Jesus-Christ fait tant
de reproches : ils faisoient toutes leurs actions
pour être vûs des hommes. Prenons garde,
il n'est point pour nous de tentation plus gé-
nérale : l'amour-propre ne consent point à
laisser ignorer ses avantages : la vanité trouve
toujours quelque moment pour s'échapper,
& pour se laisser voir par ses beaux endroits.
La raison, l'éducation, les bienséances du
monde, la piété sur-tout retient un peu ce
penchant ; on en sent toute l'injustice ; on
conçoit que ce n'est point à l'homme qu'appartient la gloire de ce qu'il est, qu'elle doit
remonter toute à celui dont il a tout reçû.
On sait & on convient que c'est assez de vouloir être estimé, pour paroître méprisable : on
renonce donc à cette affectation de vanité
grossière ; mais ce n'est souvent que par une
autre espèce de vanité plus délicate.

Il n'est point de sentiment où l'amour-propre nous ramene par tant de détours. Ce fut
le premier vice de l'homme, & c'est le dernier dont il se guérit : souvent plus on s'éloigne des autres, plus on est près de celui-ci ;
c'est l'écueil des parfaits. On cherche la gloire

en la fuyant, & c'eſt par l'humilité qu'on tombe dans l'orgueil. On ne publie pas ſes œuvres au ſon de la trompette, mais on n'eſt pas inſenſible à la réputation qu'elles donnent; on ne cherche pas à paroître mortifié, mais on le laiſſe croire : l'éloge en fait rougir au-dehors, & cauſe au-dedans une ſecrette joie : on ne fait pas le bien pour être vû des hommes, mais on n'eſt pas fâché de l'être ; & ſi cet appui venoit à manquer, on ſe ſoutiendroit avec plus de peine. On a de l'attrait pour les actions d'éclat ; la louange qui les accompagne flatte ; & bien ſouvent la vanité ſeule acheve ce qui n'avoit été commencé que par la vertu : ce n'eſt ſouvent auſſi que pour plaire, qu'on en paroît abandonner le ſoin, & on a dit depuis long tems qu'il y avoit des négligences orgueilleuſes & des malpropretés ſuperbes.

PRIERE.

Mᴏɴ Dieu, qu'eſt-ce donc que le cœur humain depuis ſa dépravation par le péché, ſi votre grace ne le corrige ? Qu'il eſt difficile, qu'il eſt rare de ſe contenter de vous avoir pour témoin de ce qu'on eſt ou de ce qu'on fait de louable ? Quel outrage à votre Majeſté, quelle injuſtice de vouloir vous dérober la gloire de vos dons ! Mais quelle folie de vouloir perdre la récompenſe

du bon ufage qu'on en fait, pour une fu-
mée qui paffe ! Hélas ! à quoi me fervira
d'être connu des hommes, fi je m'expofe à
vous entendre dire au dernier jour, que vous
ne me connoiffez point. Non, Seignenr,
non, que je ne fois connu que de vous, ou
qu'autant qu'il le faut pour votre gloire, &
que je me contente d'y fervir avec fimplicité
dans ce monde, afin de la partager avec vous
dans l'éternité.

POUR LE MERCREDI.

DE L'EPITRE.

Vous ne mentirez point, & nul de vous ne trom-
pera fon prochain. Lévitique, ch. 19.

IL faut tenir pour conftant dans la doctrine
de la Religion, qu'on ne doit fe permettre
aucune efpèce de menfonge. Les défenfes en
font précifes dans les loix du Seigneur ; & la
nature d'ailleurs dépofe d'elle-même contre
tout déguifement. L'ufage de la parole ne
nous fut donné que pour nous communiquer
mutuellement nos penfées : on en abufe donc
quand on a dans l'efprit toute autre chofe
que ce qu'on exprime pas fes difcours. Auffi
de tous les caractères, il n'en eft point de
plus univerfellement haï que celui d'un

menteur

menteur reconnu. Le menteur lui même rougit de ce qu'il eſt, & la honte naturelle eſt
toujours la preuve la plus aſſurée du crime,
parce que la vertu ne ſe déſavoue jamais. Il
eſt ſi déshonorant de dire une fauſſeté, que
perſonne n'en ſouffre qu'avec peine le reproche, & que le monde aveugle, par un uſage
encore plus criminel, a établi pour maxime
de venger ce reproche comme l'offenſe la
moins pardonnable. C'eſt une gloire de ne
ſavoir pas trahir ſes ſentimens: aucun ne
craint ſur cela les reproches de ſon cœur; &
ſi quelquefois on paroît ſe repentir d'avoir
été ſincère, ce n'eſt pas au fond d'avoir dit
la vérité qu'on ſe repent, mais de l'avoir dite
à contre temps ou ſans néceſſité. Quel tourment, au contraire, le menſonge & les dégui-
ſemens ne cauſent-ils pas à l'ame! La probité
ſe révolte, la religion s'offenſe, la conſ-
cience réclame; on craint d'ailleurs que la
pudeur ne trahiſſe malgré ſoi, que l'artifice
ne ſe découvre, que l'iniquité ne ſe démente,
& que la diſſimulation reconnue n'offenſe plus
ceux qu'on a voulu tromper ou ménager, que
la ſincérité même. On ne ment point pour le
plaiſir de mentir, lors même qu'on ne ment
que ſous prétexte de divertir par le menſonge :
on aimeroit mieux plaire par la vérité, s'il
étoit facile de trouver des vérités qui plaiſent.

Tout cela prouve & au-delà, que celui qui
parle contre ſa penſée ne ſe croit pas inno-

cent. Or il n'y a ni bonne raiſon, ni bonne intention, ni bonne fin qui puiſſe juſtifier ce qu'on ſait être un péché. Ne mentir que pour ſervir ou pour ne pas nuire, c'eſt paroître près de la juſtice, mais ce n'eſt pas être juſte ; & jamais il ne fut permis de faire le moindre mal pour procurer un bien, quelque grand qu'il ſoit. La charité nous oblige à faire tout ce qui dépend de nous pour ſauver la vie du prochain, ou pour empêcher la perte de ſon ame : mais on doit ſe croire dans l'impuiſſance de le ſecourir, quand il ne reſte plus d'autre moyen que le péché. Le juſte ne peut que ce qu'il peut juſtement. Il paroît triſte de laiſſer périr une ame plutôt que de mentir pour la ſauver : mais nous ne devons jamais penſer que notre menſonge devienne néceſſaire à Dieu, ni faire ce qu'il ne veut pas, comme pour l'aider à faire ce qu'il veut. L'utilité d'un mal ne l'excuſe point : il ne ſeroit pas permis de voler un riche pour aſſiſter un pauvre. Il eſt donc indifférent d'examiner ſi le menſonge ſert ou s'il nuit ; ſi, comme l'on dit, il porte préjudice ou non : ce qu'il y a de certain, c'eſt qu'il nuit toujours à celui qui le commet.

PRIERE.

O DIEU, toujours vrai dans vos paroles, n'eſt-ce pas de vous-même qu'on ſe jôue, quand on ſe joue ainſi de la vérité? Réveillez donc, Seigneur, réveillez en moi l'amour que vous en avez gravé dans tous les cœurs. Que je haïſſe en moi le menſonge, l'artifice, la diſſimulation, la fauſſeté, de la même haine que je les hais dans les autres. Que ces déréglemens me dégoûtent de plus en plus du monde où je les vois régner; qu'ils me détachent de la vie même dont les néceſſités voudroient quelquefois les juſtifier; que rien ne m'y ſoit jamais plus précieux que mon ame, & que je craigne toujours que le menſonge ne me précipite dans l'abîme avec celui qui en eſt le père & le modèle.

DE L'EVANGILE.

Si je ne fais pas des œuvres dignes de mon Pere, ne me croyez point. S. Jean. chap. 10.

J ESUS-Chriſt conſent à n'être pas reconnu pour Fils de Dieu, s'il ne fait pas des œuvres dignes de lui. Nous nous diſons de même enfans de Dieu: c'eſt une qualité que les Chrétiens ſe donnent par préférence à tous les autres hommes; mais ce n'eſt qu'une qualité vaine, & elle ne peut être que redoutable pour eux, s'ils ne vivent pas d'une maniere

digne de Dieu : c'eſt la conduite qui carac-
tériſe l'homme, & on connoît l'arbre à ſon
fruit. On ne ſauroit donc trop s'interroger &
s'examiner ſoi-même ſur ces marques diſcer-
nantes qui ne trompent point, & la négligence qu'on a à le faire, ne fait que préparer
un jugement de condamnation plus terrible.
On ne ſauroit trop ſe défier d'une certaine
idée confuſe de ſainteté qu'on attache à la
profeſſion du Chriſtianiſme. Le Juif ſe glo-
rifioit d'être de la race d'Abraham, d'être
Diſciple de Moyſe, d'avoir reçû des loix
de la bouche de Dieu même, d'être de ſon
peuple choiſi : il regardoit tout le reſte des
nations comme une race maudite : & ne ſont-
ce pas à peu près nos penſées ? Nous ne nous
confondons point avec ces peuples abandonnés à leurs ténèbres, qui n'ont point encore
vû la lumière de l'Evangile. Nous ſommes
Diſciples de Jeſus-Chriſt, nous ſommes nés
dans le ſein de cette ſociété ſi féconde en
Saints, & d'où la vertu & la ſainteté ne ſeront
jamais bannies : nous ſommes inſtruits d'une
morale pure, nous croyons des myſtêres,
nous recevons des Sacremens, nous offrons
des ſacrifices, nous aſſiſtons à des prières publiques, à des cérémonies ſacrées ; en un
mot, nous ſommes Chrétiens & nous le répondons avec confiance à quiconque nous
interroge ſur nos titres & notre profeſſion.

Mais ce n'eſt ni le nom de Chrétien, ni la

foi, ni la connoiſſance de l'Evangile, ni la ſainteté du maître qui nous l'a préché, ni ſa vie, ni ſa mort, qui nous rendent véritablement Chrétiens, c'eſt l'uſage que nous faiſons de tous ces avantages. Qu'on ſe diſe ſouvent & qu'on ne s'y méprenne pas : Le vrai diſciple de Jeſus Chriſt, c'eſt celui qui demeure conſtamment attaché à ſa parole. L'enfant de Dieu c'eſt celui qui l'imite, & qui fait de ſa volonté la règle de toutes ſes actions : ſans cette fidélité, les noms de religion que nous nous donnons ne ſont plus que des honoraires, que de ces titres ſans réalité, dont la vanité des hommes ſe repaît, que de ces qualités qui ne ſervent qu'à faire reſſouvenir que ceux qui les prennent ont dégénéré de la vertu de leurs ancêtres. Un impie peut ſe glorifier avec vérité d'être de la race des Saints, & par-là il publie lui-même ſa honte & ſa condamnation : la ſainteté des pères ne ſert de rien aux enfans qui ne leur reſſemblent pas, c'eſt une grace de plus dont ils auront à rendre compte. Dieu juge chacun ſelon ſes œuvres : ce qu'il punira dans les infidèles, ce ſera la vie des mauvais Chrétiens : la punition de ces derniers ſera même beaucoup plus terrible, & on dira de chacun d'eux comme du traître Judas, il auroit mieux valu pour lui de n'être jamais né, ou de n'avoir point été Chrétien.

P iij

PRIERE.

SUR quoi donc ma confiance eſt-elle appuyée, Seigneur, où eſt ma gloire? Je
ſuis flatté, je m'applaudis de vivre au milieu de
vos enfans & d'en porter le nom: mais que
fais-je après tout qui ſoit vraiment digne de
cette qualité glorieuſe? Qui me reconnoîtroit
comme digne héritier de la foi de mes peres?
A qui perſuaderois-je que je ſuis à vous? Ah!
mon Dieu, que je ne me le perſuade donc
point à moi-même, ſi ma vie ne m'en répond:
que je ne juge de ma deſtinée que par mes
mœurs; que je compare inceſſamment ma fidélité avec mes devoirs; que je ne compte
point ſur-tout ſur quelques momens de ferveur, ſur quelques bonnes œuvres que je ferai comme au haſard; mais que ce ſoit le corps
entier de mes actions qui juſtifie le nom que
je porte, & qui aſſure les eſpérances qu'il me
donne.

POUR LE JEUDI.
DE L'ÉPITRE.

Nous nous préfentons à vous avec un cœur contrit & un efprit humilié. Daniel. chap. 3.

IL fut utile aux Juifs d'être privés des fecours de la Religion; jamais peuple n'y mit tant de confiance. Dieu leur avoit dit fouvent par fes Prophêtes, qu'il étoit las de la multitude de leurs victimes; qu'il ne mangeroit point de la chair de leurs taureaux & de leurs boucs, & que s'il eût eu befoin d'alimens, ce n'eût pas été fur eux qu'il fe fût repofé du foin d'y pourvoir, qu'il étoit maître en un mot de l'univers & de toutes fes richeffes. Mais quand ils fe virent fans holocauftes, fans facrifices, fans oblations, fans encenfemens, fans Temple & fans Autel, ils comprirent bien mieux que ce n'étoit pas là le vrai culte dont Dieu fe trouvoit honoré: qu'il y avoit pour lui plaire d'autres victimes & d'autres facrifices; que c'étoit par les regrets du cœur & par l'humiliation de l'efprit qu'on fe le rendoit favorable. Ainfi leurs prieres devinrent plus éclairées & leurs fentimens plus purs. L'homme n'eft pas tout efprit, il eft vrai, & fa piété a befoin d'objets fenfibles pour fe foutenir; mais il eft toujours à

P iv

craindre que les sens ne nous séduisent, & que
nous ne mettions le mérite du culte que nous
rendons à Dieu dans ce qui nous frappe le plus

On ne sauroit donc se rappeller trop souvent que les sacrifices du dehors tirent tout
leur prix des dispositions de l'ame. Cette réflexion désabuseroit ceux qui, sans se mettre
fort en peine de l'intérieur, se jettent tout
entiers dans les choses sensibles. Elle console-
roit ceux que des nécessités veritables éloignent de certains exercices de la Religion; &
elle apprendroit à tous, que quelque légitimes
& quelque saints qu'ils soient, ils ne sont
d'aucun secours pour le salut, sans le culte de
l'esprit. Chaque partie du culte extérieur a
son mystère, ses graces & son instruction particulière; il n'en est point par conséquent qui
n'exige de nous quelque disposition conforme
au fruit que nous en devons recueillir: c'est le
respect, l'adoration, l'action de grace, l'a-
mour, la fidélité, le détachement du monde
& le desir des biens éternels. Ces dispositions
ne se suppléent point par les pratiques qui les
expriment; mais les pratiques peuvent se suppléer toutes par les dispositions qui en font le
mérite. Dans une situation pareille à celle de
la captivité des Juifs dans un desert, dans une
isle, dans une terre idolâtre, dans un pays hé-
rétique, par tout où l'homme peut se trouver dans une privation forcée des moyens
extérieurs établis de Dieu pour l'honorer,

il peut se sanctifier & devenir agréable à ses yeux.

PRIERE.

QUE cette pensée me défende donc, ô mon Dieu, des excès opposés, ou de confiance dans l'usage de ces moyens, ou de découragement dans la privation. Que je sois toujours fidèle à vous rendre les hommages sensibles qui me sont ordonnés, mais en me souvenant qu'ils ne sont reçûs de vous que comme un signe des hommages du dedans. Que je ne compte point vous avoir rendu les uns comme il faut, qu'autant que je serai fidèle à vous rendre les autres. Que je sois persuadé qu'on vous trouve par-tout quand on vous cherche avec des empressemens sincères, & que les sacrifices les plus dignes de vous peuvent vous être offerts sans autre Temple & sans autre Autel que moi-même : trop heureux si, prévenu de votre grace comme Daniel, & en quelque lieu que je sois, je puis comme lui me présenter toujours à vous avec un cœur vraiment contrit & un esprit humilié.

DE L'EVANGILE.

Une femme de mauvaise vie n'eut pas plutôt appris que Jésus étoit à table dans la maison d'un Pharisien, qu'elle y vint. S. Luc. c. 7.

C'EST ici un de ces exemples intéressans qu'on nous remet souvent devant les yeux ; & si tout le monde ne peut pas s'en appliquer toutes les circonstances, chacun doit s'appliquer celles qui le regardent, & peut y apprendre de grandes leçons. La promptitude de cette femme à saisir l'occasion d'aller à Jesus-Christ, condamne bien hautement les conversions différées, & confond le prétexte le plus ordinaire des délais. Le monde est plein de pénitens en idée, de pécheurs qui remettent à se convertir, qui traînent des chaînes qu'ils paroissent avoir cessé d'aimer, qui voudroient être sortis de leurs mauvais engagemens : mais tout se termine chez eux à des projets inutiles, à de stériles velléités, à ces désirs étouffés qui tuent le paresseux, à ces irrésolutions qu'on peut regarder comme des présages presque assûrés d'impénitence. Il est vrai que le péché ne se quitte pas sans efforts ; il y a toujours quelqu'obstacle à vaincre pour sortir de son esclavage, toujours quelque lien secret par où l'ame tient encore à l'objet des passions, toujours quelque réserve d'amour propre qui ne veut pas sacrifier toute sa liberté, toujours enfin quelque reste de l'ancienne volonté qu'il faut surmonter par la volonté nouvelle. Mais prenons-y garde aussi, un délai volontaire engage souvent dans des obstacles involontaires, & on ne peut plus ce qu'on voudroit, quand on n'a pas voulu dans le temps ce qu'on pouvoit. D'ailleurs, on risque tout à différer, quand on n'est pas assuré d'un moment; & le danger presse toujours, quand il s'agit de notre sort éternel. Quelle folie donc de risquer cette éternité, de réprimer les meilleurs sentimens, d'étouffer les plus vives instances de la grace par certaines considérations, & de sacrifier l'unique chose qui presse & qui intéresse dans le monde !

Or ce sont tous ces prétextes qui perdent une infinité de pécheurs à demi convertis; ce sont ces indignes frayeurs, ces allarmes insensées, ces timides ménagemens, ces prévoyances inquiétes, ces fines illusions de l'amour propre, dont on voit la censure publique, & la condamnation dans la fidelité de la pécheresse. Elle suit les premières lumières que Dieu répand dans son esprit, & les premiers mouvemens qu'il excite dans son cœur; elle ne s'inquiéte point de ce qu'on pourra penser d'elle en la voyant pleurer aux pieds de Jesus-Christ, les arroser de ses larmes, les essuyer de ses cheveux, elle n'y pense pas même; & le mépris qu'elle fait des jugemens de ceux

P vj

qui la voient, va jufqu'à l'oubli : la Confufion qu'elle a de fes fautes l'empêche de rougir de fa pénitence ; une honte en étouffe une
autre : un cœur bien touché ne raifonne point,
il ne fait qu'obéir à la voie de Dieu qui le rappelle : le vrai fujet de fon humiliation, c'eft
d'avoir méprifé les jugemens du Seigneur,
d'avoir fait taire fi long-temps la voix de fa
confcience, d'avoir été fourd aux reproches
de la vérité, de s'être mis trop fouvent au-
deffus de tous les égards pour contenter fes
paffions. Mettez une fois ces fentimens dans
une ame, & elle n'aura plus ni le temps ni la
liberté de s'occuper de tout autre chofe.

PRIERE.

QU'EST-CE en effet à vos yeux, ô mon
Dieu, qu'un pénitent d'un autre caractère ? Entend-on bien ce que c'eft que l'honneur, lorfqu'on n'a point rougi de commettre
le crime devant vous, & qu'on rougit d'en
folliciter le pardon ? Seroit-il donc devenu
honteux de fatisfaire à votre juftice après vous
avoir tant de fois outragé, & de chercher à fe
fauver quand on s'eft perdu ? Sentimens infen-
fés, Seigneur, penfées injurieufes à votre
grandeur, & trop indignes de vos bontés.
Confondez-les en moi fans ménagement, fi
j'étois affez injufte pour les former un moment dans mon efprit. Hélas ! je n'ai que
trop joui peut-être de l'eftime des hommes,

tandis que j'étois dans le péché, ne feroit-il pas jufte que je portaffe dans ma pénitence du moins une partie de la confufion qui m'eft due? Humiliez-moi donc devant les hommes, ô mon Dieu, humiliez-moi du moins devant vous. Ce que je vous demande feulement, & de quoi je dois m'occuper, c'eft d'aimer comme la péchereffe, & de montrer par de fenfibles regrets, que j'aime affez pour mériter que beaucoup de péchés me foient remis.

POUR LE VENDREDI.

DE L'EPITRE.

Guériffez-moi, Seigneur, & je ferai guéri, fauvez-moi & je ferai fauvé. Jérémie. chap. 17.

L'ETAT de l'homme fur la terre eft un état de maladie & de combat. Pleins d'infirmités au dedans, environnés d'ennemis au dehors, nous pouvons à tous momens tomber dans quelque langueur, où recevoir quelque bleffure mortelle. Plus on s'applique à guérir fon ame, plus on y découvre de plaies cachées: on fe croit quelquefois bien fort, & dans l'inftant on éprouve fa foibleffe; on fe furprend dans des fragilités dont on ne fe croyoit pas capable; les paffions qu'on fe flatroit d'avoir étouffées revivent; les feux mal éteints se rallument ; les premières inclinations se réveillent ; l'amour propre ne meurt jamais, & ne se fait point à ce qui le choque & qui l'humilie. Dans le cœur, par exemple, que de répugnances à se soumettre à certains devoirs ! Que d'aversion pour la contrainte ! que de secrettes envies de se retirer du service du Seigneur ! Dans l'esprit, quelle peine à se rendre aux vérités qui déplaisent, à revenir de certains préjugés, à se rappeller d'une dissipation presque continuelle ! Dans les entretiens, que de discours sans sagesse & sans vérité ! Dans les meilleures œuvres, n'entre-t-il pas souvent autant de vanité que de piété, plus de penchant du moins à se contenter soi-même, que de sincère intention de plaire à Dieu ?

Au dehors nous avons autant d'ennemis qu'il y a de créatures capables de nous inspirer des passions, ou de blesser notre délicatesse : malgré nos plus fortes résolutions, les plus petits objets nous exposent quelquefois aux tentations les plus terribles. Quelle funeste facilité à recevoir les mauvaises impressions, & quelle difficulté de nous en défaire ! Les mauvaises pensées qu'on avoit chassées reviennent, les souvenirs dangereux ne s'effacent point tout-à-fait : au milieu de la fuite on tourne encore la tête en arrière, & on jette des regards sur les délices de Sodôme ; on ne voit guères ce qu'on a quitté sans lui donner quelque regret ; on n'eſt point ſans retours ſur certains objets , & à meſure qu'on travaille à s'en détacher, on découvre dans l'ame de nouveaux liens & de nouvelles foibleſſes. On eſt allarmé d'un jugement déſavantageux , affligé d'une médiſance , occupé d'un reſſentiment, ſenſible à l'excès ſur une injure légere ; la plus petite humiliation cauſe des dépits dont on a peine à retenir les ſaillies. Il faut donc ſans ceſſe courir aux remédes, ſans ceſſe il faut avoir les armes à la main, ſans ceſſe veiller pour arrêter les progrès de la corruption ou pour les retrancher, ſans ceſſe être en garde contre les atteintes du dehors, obſerver ſes propres mouvemens, contenir ſon imagination, mortifier ſes ſens par les privations, vivre dans de continuelles réſerves, s'interdire les plaiſirs les plus innocens, de peur de recueillir le goût pour les plaiſirs illégitimes, craindre à tous momens de ſe donner la mort, ou de la recevoir.

PRIERE.

MAIS à quoi servent les remédes les plus sages & les plus éfficaces, si votre divine main, Seigneur, n'opére la guerison? Celui qui garde la ville ne veille-t-il pas envain, si vous ne la gardez vous-même? Et quelle est enfin ma force & mon salut, si ce n'est vous? Sans rien donc relâcher des devoirs que vous m'imposez, le premier & le plus pressant de tous pour moi, est de me jetter incessamment à vos pieds, & de vous dire continuellement avec votre Prophête: Seigneur, je suis infirme, guérissez moi, & je serai guéri: Seigneur, je suis près de périr, sauvez-moi, & je serai sauvé.

DE L'EVANGILE.

Si nous le laissons faire, tous croiront en lui, les Romains viendront, ils nous enleveront notre pays, & transporteront ailleurs notre Nation. S. Jean. chap. 11.

LES pensées des hommes sont toujours trop timides, leurs prévoyances sont incertaines, & les méchans s'attirent par leurs crimes même les malheurs qu'ils ont voulu prévenir en les commettant. Les frères de Joseph le vendent pour ne pas tomber sous la puissance, & c'est pour l'avoir vendu qu'ils y tombent. La femme de Sanson le trahit pour n'être pas brûlée, & elle est brûlée par une suite de sa trahison. Les Juifs font mourir Jesus-Christ pour éviter la ruine de leur nation, & c'est pour l'avoir fait mourir qu'elle est ruinée. Rien donc de plus insensé que la crainte qui fait violer la justice, trahir la vérité, abandonner l'innocence, & commettre le crime pour détourner de dessus soi des maux temporels. Ces maux sont en la main de Dieu, qui peut se jouer de toutes les précautions humaines, & leur donner des succès tout contraires à ceux qu'on attendoit. Une révolution subite arrive, une puissance meurt, une intrigue imprévue se découvre, un secret se révéle, une main inconnue remue certains ressorts, quelqu'un fait une faute qui dérange les mesures les mieux prises, les intérêts changent avec les situations, les amis cessent de l'être, les secours deviennent des obstacles, & le mal qu'on a fait retombe enfin sur la tête de ceux qui l'avoient regardé comme leur unique ressource.

Là se réduit pourtant, & il nous est utile de le bien considérer aujourd'hui, là se termine toute la science des politiques & des prudens du siécle. Ils commencent par se mettre au-dessus de toutes les règles de la conscience, de la bonne foi, de la probité. Tout leur est bon, pourvû qu'ils arrivent à leur fin, & ils ne songent pas, les aveugles, qu'il n'est ni sagesse, ni prudence, ni conseil contre le Seigneur; qu'il ne se fait rien sans lui dans le monde, & que s'il permet que les projets des injustes réussissent, ce ne peut être que pour punir ceux qui les ont formés. Le succès de leur malice les aveugle; & parce que Dieu leur épargne quelquefois des disgraces présentes, ils cessent de craindre sa colère à venir. Funeste sécurité qui séduit les pécheurs & qui leur fait préférer leur sûreté, leur fortune & leurs biens à leur devoir! On trouve même qu'il n'y auroit pas de sagesse à délibérer dans la concurrence. Vous n'y entendez rien, dit aujourd'hui Caïphe: il vaut mieux faire périr un homme innocent, que de laisser ruiner toute la nation. Les craintes les moins fondées paroissent toujours décisives, & on ne balance pas à prendre contre des malheurs souvent imaginaires, des précautions qui conduiront sûrement à des malheurs éternels.

P R I E R E.

O DIEU terrible, que votre crainte est foible dans les cœurs! Les hommes ne peuvent nous nuire qu'autant que vous leur en donnez le pouvoir; & ils sont toujours plus craints que vous, parce qu'ils sont présens, & que vous êtes invisible.

Rendez-vous donc ſenſible à mon cœur par une foi vive ; pénétrez-moi tout entier de la terreur de vos jugemens, afin que je ne préfére jamais ma vie même à la fidélité que je vous dois ; que j'apprenne à ne craindre de maux ici-bas que ceux dont vous me menacez, & que je mette toute ma prudence à les prévenir aux dépens de tous les biens du monde & de toutes ſes eſpérances.

POUR LE SAMEDI.

DE L'EPITRE.

Ne leur pardonnez point leur iniquité, & que leur péché ne ſoit jamais effacé de devant vos yeux.
Jerémie. ch. 18.

TOUTE l'ancienne Ecriture eſt pleine de ces ſortes d'imprécations qui ne ſont point le fruit du reſſentiment, mais uniquement du zèle de la juſtice, ou plûtôt des prédictions de celle que Dieu devoit exercer un jour. Il n'eſt pas encore temps de haïr les pécheurs ; tant qu'ils vivent, ils peuvent ceſſer de l'être, ils peuvent ſe corriger, & la charité chrétienne eſt bien éloignée de leur en envier le temps ni de demander à Dieu qu'il le leur ôte. Ce ne ſeroit qu'en les ſupposant tellement endurcis dans le mal, qu'ils ne donnent plus d'espérance de conversion, qu'on pourroit entrer dans les intérêts de la justice de Dieu pour applaudir à ses châtimens ; & c'est Dieu même qui nous interdit cette supposition, tant qu'il ne nous révéle pas les mystéres de sa grace pour les particuliers.

Au dernier jour toutes les créatures s'armeront pour le venger, mais la vie présente est le temps de ses miséricordes: il ne veut pas que le pécheur périsse, mais qu'il change & qu'il vive. Jérémie conduit par une lumière supérieure, ne semble en effet demander la punition de ses ennemis, qu'en les regardant comme incorrigibles, ou comme déja destinés aux vengeances du Seigneur à cause de leur impénitence. Il le fait ressouvenir comment il s'est présenté devant lui pour le prier de leur pardonner, & pour détourner de dessus eux les effets de sa colère. La charité se livre à tout ce que la compassion lui suggére, avant que de s'abandonner aux mouvemens du zèle. Nous nous plaignons souvent à Dieu de l'injustice de ses créatures: toujours trop pleins de nous-mêmes & de ce que nous souffrons, nous ne songeons qu'à répandre devant lui toute l'amertume de notre ame. Notre cœur se soulève contre la violence des mauvais traitemens qu'on nous fait: mille desirs impatiens nous font solliciter en secret la mort, ou l'humiliation de ceux qui nous font à charge; nous conjurons Dieu par nos souhaits de nous délivrer des méchans; & nous ne devrions le prier que de les rendre bons: nous entrerions ainsi dans les vûes de sa clémence, nous interesserions sa bonté, nous le prendrions par son endroit sensible, & nous n'en serions peut-être que plus sûrement & plus promptement exaucés.

PRIERE.

EH! pourquoi, Seigneur, voudrois-je précipiter vos vengeances éternels? Si vous punissez ainsi tous ceux qui ne sont pas encore corrigés, que serois je devenu, & quel seroit mon sort? Qu'y avoit il. peut-être, qui parût autrefois plus incorrigible que moi? Vous m'avez attendu par une miséricorde toute gratuite; vous m'avez prévenu de vos graces, j'en ai ressenti les effets; en ai-je donc tari les sources? Et si j'ai le bonheur d'être corrigé de mes plus grandes misères, ne pouvez-vous plus faire pour les autres ce que vous avez fait pour moi? Je vous le demande, ô mon Dieu, pour l'amour d'eux & de vous-même: que si vous différez de les changer, qui suis-je moi, pour être plus impatient que vous, & pour vouloir la perte de ceux que vous laissez vivre? Ce qui vous déplaît dans les pécheurs n'est point votre ouvrage, & souvent je suis cause moi seul de tout le mal que j'en reçois. Faites-moi donc sentir, mon Dieu, qu'en craignant votre Justice pour moi comme pour eux, je ne dois jamais penser qu'à vous demander pardon pour eux & pour moi.

DE L'EVANGILE.

Celui qui aime sa vie la perdra, & celui qui hait sa vie en ce monde, la conservera pour l'éternité. S. Jean, ch. 11.

C'EST ici une espéce de paradoxe qui nous est proposé plusieurs fois dans l'Evangile, mais dont la vérité n'est pas difficile à pénétrer. Celui qui aime sa vie la perdra, parce que cet amour est la source de toutes nos injustices: c'étoit lui qui faisoit quelquefois rougir de Jesus-Christ, & renoncer la foi devant les Tyrans: c'est l'amour de la vie qui fait craindre les hommes, servir leurs passions, ou céder à leurs violences: c'est lui qui produit toutes les cupidités des biens du monde, l'ambition, la recherche de tous les objets capables de rendre les jours heureux, & de les remplir de quelques agrémens. C'est l'amour de la vie qui jette dans le relâchement, dans l'intempérance, & dans les excès, qui forme les amitiés déréglées &

les attachemens criminels. C'eſt cet amour
enfin qui nous rend ennemis de la violence &
des rigueurs qu'il faut exercer ſur ſoi même
pour réprimer ſes mauvais déſirs, & pour
redreſſer ſes penchans; qui plonge les ames
dans les délices & dans la moleſſe, & qui
leur fait préférer leur plaiſir ou leurs repos à
leurs devoirs. Il eſt donc vrai qu'il faut haïr
ſa vie dans ce monde, quand on veut la con-
ſerver pour l'éternité. On hait la vie, du
moins on la compte pour rien, quand on eſt
toujours prêt à la ſacrifier pour demeurer fidèle à Dieu: on la hait quand on mépriſe
les jugemens des hommes, leur amitié, leur
puiſſance, leurs mauvais traitemens, & tout
ce qu'ils peuvent entreprendre pour la rendre
ennuyeuſe, dure, pauvre, humiliée, malheureuſe. On hait ſa vie en ce monde, quand
on renonce à tout ce qu'il peut nous procurer d'avantages aux dépens de notre innocence
& de notre probité. On hait enfin ſa vie, quand
on s'interdit ce qu'elle a de douceurs propres
à corrompre le cœur, ou contraires à la pureté d'affections que Dieu demande de nous;
quand on eſt toujours en guerre avec ſoi-
même, pour aſſujettir la chair à l'eſprit,
c'eſt à dire, pour fair céder en nous l'amour
des objets préſens au deſir des biens invi-
ſibles; & ce n'eſt que par cette ſorte de
haîne, qu'on peut mériter d'en jouir éternellement.

Apprenons donc à nous haïr ainsi pour nous sauver. Nous aimons tous la vie heureuse, & nous l'aimons pour toujours: ne séparons point ces deux sentimens. Ici la source de la tentation doit en être le reméde. C'est parce que nous aimons la vie que nous devons craindre d'aimer la vie mortelle jusqu'à l'oubli de l'immortelle: l'indifférence ou le mépris de l'ame est nécessaire pour obtenir l'autre. Ainsi l'enseigne par-tout l'Evangile: mais à qui le persuadera-t-il? Qui est ce qui s'examine sur la nature & sur la force de ses attachemens à cette vie d'un moment qui passe? Qui est-ce qui craint de la trop aimer? Nous n'avons plus de Tyrans devant qui cet amour soit mis à l'épreuve: mais cette épreuve ne seroit peut-être pas pour nous la plus terrible. Les douceurs de la vie sont plus dangereuses que ses rigueurs: le combat est continuel & la victoire bien rare: c'est ce qui met toute la différence entre les justes & les pécheurs, entre les élus & les réprouvés: c'est ce qui rend le nombre des uns si grand, & celui des autres si prodigieusement petit. Ceux ci se défendent constamment de l'attrait des créatures, & n'en usent que pour le seul nécessaire: ceux-là se livrent à leurs enchantemens, & à la passion d'en jouir: les premiers se sauvent en se haïssant, & les derniers se perdent en s'aimant trop. Craignons leur sort; détestons leur imprudence; réduisons fons-nous à n'aimer la vie préfente qu'autant qu'il faut pour ne pas fe refufer le fecours qu'elle exige, pour la fupporter avec patience, & pour en voir finir le cours avec plus de joie que de regret.

PRIERE.

COMMENT puis-je, en effet, aimer cette vie, Seigneur, avec la foi que vous m'avez donnée d'une meilleure ? Comment puis-je l'aimer jufqu'à rifquer cette vie bien-heureufe que vous me promettez. Qu'aurois je gagné après tout, quand je me ferois procuré toutes les douceurs que le fiécle préfent peut m'offrir, & qu'aurois-je perdu quand je m'en ferois privé moi-même ? Faites, mon Dieu, que ce paralléle occupe fans ceffe mon efprit : que je fente bien toute la folie qu'il y a de pré-férer ce qui paffe à ce qui ne finit point. Que je ne me flatte point fur-tout de pouvoir al-lier l'amour des biens préfens avec les devoirs que l'efpérance des biens à venir me prefcrit, & que je ne craigne point enfin de me haïr pour un cours efpace de jour, afin de me fau-ver pour l'éternité. Ainfi foit-il.

POUR LE SAMEDI.
DE L'ÉVANGILE.

Y étant allés, ils trouverent l'ânon, qui étoit attaché dehors auprès d'une porte entre deux chemins & ils le délierent. S. Mat. chap. 21.

JESUS-CHRIST envoie ses Disciples délier l'ânon qui le doit porter, & dispose de la volonté de ceux à qui il appartient. Ce n'est donc pas par hasard & sans ordre que les troupes dont parle l'Evangile, iront au-devant de lui; il fait assez voir qu'il sçait tout ce qui doit arriver, & que si la résurrection de Lazare donne occasion au triomphe qu'on lui prépare, c'est lui qui inspire à ce peuple le dessein qu'il a de l'honorer, & qui règle lui-même tout l'appareil qui lui est destiné. Adorons donc en Jesus-Christ ce choix qu'il fait d'entrer dans Jérusalem en triomphe comme un Roi, pour en sortir ignominieusement six jours après, & pour être mené au supplice comme un criminel. Il l'a voulu de la sorte, pour nous fortifier par son exemple, & nous adoucir un calice, dont il a pris sans ménagement toute l'amertume, quoiqu'il n'en eût pas besoin. Ce n'est pas la mort, dit-on, c'est le genre de la mort qui fait peur. Ce n'est pas la peine & l'affliction qu'on redoute, mais les circonstances humiliantes qui l'accompagnent quelquefois.

Ce font pourtant ces circonftances infiniment plus humiliantes pour Jéfus-Chrift, qu'il fait entrer dans fon choix, en confentant d'être reçu comme un Roi dans le lieu même où il fera crucifié comme un fcélérat. Il n'a rien fait jufqu'ici que pour obéir aux ordres de fon père, qui avoient été marqués long-temps auparavant par les Prophêtes. C'eft pour ac-complir leurs prédictions, qu'il a été conçu d'une Vierge, qu'il eft né à Béthléem, qu'il a fui en Egypte, qu'il a guéri les malades, & le refte. Il ne veut point mourir fans avoir tout exécuté : il fe hâte donc d'accomplir ce qui refte ; il obéit en tout : foit dans les chofes qui peuvent lui être glorieufes, foit dans celles qui doivent le couvrir de confufion. Il eft marqué qu'il doit entrer dans Jérufalem avec l'appareil d'un triömphe, il y entre ; il eft marqué qu'il doit y mourir avec l'humiliation des plus grands opprobres, il y meurt. Quel exemple ! fi on fait l'entendre, & qu'on y peut bien apprendre ce que dit l'Apôtre, qu'il importe peu pour des Chrétiens qu'ils aillent à Dieu par la gloire ou par l'ignominie, par la bonne ou la mau-vaife réputation.

SEMAINE SAINTE.

RÉFLEXIONS POUR LE DIMANCHE DES RAMEAUX.

DE L'EVANGILE.

Dites à la fille de Sion : Voici votre Roi qui vient à vous plein de douceur. S. Matt, chap. 21.

L'ESPRIT Saint qui nous parle dans l'Evangile par le ministère des Historiens sacrés, a voulu nous donner ici une juste idée de Jésus-Christ. C'est à nous de la bien imprimer dans nos esprits & dans nos cœurs. Jésus-Christ est celui dont les Prophétes ont prédit l'entrée dans Jérusalem ; mais celui dont ils ont prédit l'entrée, est le Roi d'Israël par excellence, le Sauveur de la fille de Sion, un Roi juste & doux, ou plutôt la douceur & la Justice même, un Roi pauvre aux yeux de la chair, mais infiniment riche aux yeux de la foi : c'est le Messie, le Christ, & le fils de Dieu, qu'il devoit envoyer & qu'il a envoyé dans le tems. Il est vrai que ce Messie, content jusqu'ici de donner par ses œuvres des preuves de la grandeur de sa mission, de la divinité de sa Personne & de son ministère, a constamment refusé la royauté, toutes les fois qu'on la lui a présentée ; cependant, à la veille de sa Passion, il se fait rendre des honheurs qui n'appartiennent qu'à un Souverain. On le proclame, on lui fait une entrée solemnelle, on accompagne cette pompe d'acclamations; pourquoi? C'est que le Pere ayant décerné ces honneurs à son Fils, & deux Prophètes les ayant prédits, il falloit que cela fût. Mais il ne paroît, selon les Prophèties, que comme un Roi dont le Royaume est tout spirituel & tout divin; un Roi pauvre, humble & doux; un Roi Juste & Sauveur; un Roi qui ne vient dans son Royaume que pour le bonheur de ses sujets. Il vient pour règner sur les Juifs déjà accoutumés au joug de la Loi : c'est ce qu'il annonce en montant sur une ânesse accoutumée au joug, il vient pour assujettir à son Empire les Gentils, qui ont été jusqu'alors sans joug, sans Loi, sans Religion, sans Dieu dans ce monde, & c'est ce qu'il représente en montant sur un ânon qui n'a point encore porté.

Quel spectacle aux yeux de la foi, qu'une entrée si édifiante & si différente des pompes du monde ! C'est un tendre & sincère empressement, c'est la candeur & la simplicité qui en font tous les préparatifs & tout l'éclat. Les pauvres Disciples qui n'ont point d'ornemens superbes, se dépouillent de leurs habits pour en couvrir les deux animaux que leur Maître va monter; les Peuples que la Religion & la piété amènent au-devant de lui, se contentent de couvrir son chemin de leurs vêtemens,

& de jetter des branches de palmier fur fon paſ-
fage : leur bouche parle de l'abondance du
cœur, & l'eſprit de Dieu qui les conduit & les
anime dans ce moment, leur fait appliquer au
nouveau Roi d'Iſraël des oracles facrés qui ne
pouvoient convenir qu'à lui, mais auxquels
ils n'avoient peut-être jamais penſé. N'eſt-il
pas juſte que les Chrétiens, plus éclairés par
leur état que les Juifs, entrent au moins dans
les mêmes fentimens; qu'ils adorent du fond
du cœur les aimables qualités d'un Roi vraiment pacifique, qui ne cherche qu'à rendre
fes peuples heureux & à s'en faire aimer; qu'ils
le prient humblement d'entrer chez eux; qu'ils
aillent avec une fainte ardeur au-devant de
lui, & luï faffent une réception telle qu'il la
fouhaite; qu'ils lui préparent la voie en purifiant leurs confciences, en baniffant fans réferve tout ce qui pourroït lui déplaire; &
qu'unefoi vive, une confiance vraiment filiale,
un amour fincère, un defir empreffé de le
faire régner fouverainement fur les cœurs,
l'engagent à en prendre poffeffion pour toujours?

PRIERE.

CE sont des dispositions que nous atten-
dons de votre intime miséricorde, ô Roi
d'Israël, souverain Maître des cœurs & Sauveur de tous les hommes ! Ce sont des graces
que nous vous supplions de nous accorder dans
ce grand jour, où par votre douceur & votre
humilité, vous venez confondre la vanité des
grands de la terre, & triompher de tout l'orgueil des enfans d'Adam.

DE L'ÉVANGILE.

*Les Disciples transportés de joie commencerent à
louer Dieu, & les Peuples crioient HOSANNA,
salut au plus haut des Cieux.* S. Matt. chap. 2.

LEs Peuples avec les Disciples, qui avoient
eu soin, selon l'usage des entrées publiques, de se séparer en deux troupes, & de
mettre Jésus-Christ au milieu, joignent ici
publiquement leurs voix, & disent avec un
commun transport, *Hosanna.* C'est un cri
de joie, un souhait, une prière, une acclamation, une louange, qu'il est difficile d'exprimer, mais qui renferme tous les sentimens d'un
Peuple fidèle & soumis qui reçoit son Roi,
qui applaudit à son avènement, qui le proclame, qui lui rend hommage, qui le supplie de
le délivrer de tous ses maux, & de le combler
de toutes sortes de biens. Peut-être que ce

Q iv

Peuple éclairé d'en haut dans ce moment, apperçoit le règne spirituel de Jesus-Chrift, & que le regardant comme fon Sauveur dans l'ordre de la grace, il lui demande par ce cri les biens de l'ame, du Ciel & de l'Eternité, auffi bien que ceux du corps, de la terre & du tems. Cette acclamation, dit faint Jérôme, exprime parfaitement tous les fens que les Livres faints renferment, & dont nous ne fçaurions trop nous occuper : Béni foit celui qui vient au nom du Seigneur; béni foit notre Meffie ; l'Ange du nouveau Teftament, celui que Dieu devoit nous envoyer, & que nous attendions, qui va nous gouverner & nous rendre parfaitement heureux : puiffions-nous jouir long-tems des douceurs de fon règne! que les Prophéties s'accompliffent, que nous & nos enfans voient l'effet des magnifiques promeffes faites à nos Pères : que le Roi venu d'en haut nous délivre & nous fauve ; qu'il nous comble de bénédictions : glcire au plus haut des Cieux, *Hofanna*, au fils de David par excellence : que le Ciel s'uniffe à la terre pour louer, bénir & remercier celui qui vient nous vifiter : que le Ciel verfe fur nous la divine rofée de fes graces : que la paix, la juftice, le falut pleuvent fur nous, fur notre Nation & fur tous les habitans de la terre. Quand nous donnerions à ces expreffions tous les fens qu'on peut imaginer, tout ce que nous concevrons fera toujours fort au-deſſous de ce que ſignifient ces divins oracles, dans l'intention du Saint Eſprit, qui les a dictés aux Prophètes, & qui les a mis dans la bouche de ces Peuples.

Mais quelle réflexion accablante ſe préſente ici naturellement à l'eſprit! Jéſus-Chriſt ne fait aujourd'hui une entrée ſi glorieuſe dans Jéruſalem, que pour aller au devant de la mort ignominieuſe & cruelle, que cette Ville ingrate lui prépare: ce triomphe ne ſert qu'à irriter ſes ennemis & à lui frayer le chemin à une croix infâme. Le Peuple le reconnoît aujourd'hui pour le Meſſie, fils & ſucceſſeur de David, il lui rend ſes hommages comme à ſon ſouverain Seigneur; & dans quelques jours il le renoncera devant Pilate, & demandera ſon ſang, en lui préférant un voleur meurtrier. Au lieu des acclamatious que nous venons d'entendre, le Prétoire du Gouverneur de la Judée retentira de ces cris tumultueux: *Faites-le mourir, ôtez-le de ce monde & qu'il ſoit crucifié.* La même choſe arrive encore trop ſouvent parmi nous, prenons-y garde: ceux qui ſemblent diſpoſés à ſe ſacrifier pour la gloire & les intérêts de Jéſus-Chriſt, ne ſont pas toujours fidèles dans les occaſions, & tel qui le loue aujourdhui, eſt à la veille de le crucifier de nouveau en lui même par le péché. C'eſt un étrange myſtère que le cœur de l'homme, il nous importe infiniment de bien ſonder le nôtre. Le Sau-

veur connoît en ce jour ceux qui le précé‑
dent & qui l'accompagnent; mais il en voit
très-peu qui foient réellement & en vérité
ce qu'ils affectent de paroître. Regardons-
nous fous fes yeux divins qui fondent les
reins: examinons fi nous fommes du petit
nombre de ceux dont la conduite, l'efprit &
le cœur, les penfées & les fentimens, les pa‑
roles & les actions font toujours parfaitement
d'accord

PRIERE.

ASSUREZ-vous donc vous-même par
votre grace de nos difpofitions, Sauveur
de tous les hommes, Roi béni dans tous les
fiécles. Ce n'eft point l'appareil extérieur de
ce grand jour, c'eft votre Croix qui fait votre
triomphe; triomphez par elle, Seigneur, mais
triomphez fur-tout dans votre Eglife, la vraie
Jérufalem, en y détruifant, par la vertu de
votre mort, tout ce qui s'y oppofe à votre
règne. Triomphez & règnez dans les Rois &
dans les Peuples, dans les Pafteurs & dans
les brebis, dans les riches & dans les pauvres;
triomphez de notre cœur, en le foumettant
inviolablement à vos maximes jufqu'à votre
dernier avènement & à votre retour victo‑
rieux dans le monde. Donnez-nous une foi
vive & animée, qui nous rende ce jour tou‑
jours préfent; une efpérance ferme & iné‑

branlable, qui nous faſſe languir & ſoupirer
après ce retour ; un amour vif & ſincère, qui
nous faſſe aller au-devant de vous par ſes
deſirs ardens de votre régne : car nous voulons ô Roi d'amour & de gloire, que vous
régniez ſur nous dans le tems & dans l'éternité.

DE L'EPITRE.

Soyez dans la même diſpoſition où a été Jéſus-
Chriſt, qui ayant la forme & la nature de
Dieu, a pris la forme & la nature de ſervi-
teur. S. Paul, Philip. ch. 2.

IL n'eſt point d'humilité qu'on puiſſe comparer à celle que l'Apôtre nous propoſe ici
pour modèle. Celui qui étoit Dieu, & qui
pouvoit paroître tel ſur la terre, a mieux aimé
s'y montrer comme homme, & a refuſé de
jouir au dehors d'une gloire qu'il n'uſurpe
point. Combien donc devons-nous nous
humilier, nous qui ne pouvons jamais nous
attribuer qu'une gloire uſurpée ? Qu'avons-
nous que nous n'ayons reçu des mains du
Créateur ; & ſi nous avons tout reçu pourquoi
oſer nous glorifier ? Nous ne ſommes pas à
nous. De quelques dons que Dieu nous ait
comblés, quelques talens qu'il nous ait donnés, par quelque avantage qu'il nous diftingue, à quelque rang qu'il nous élève, nous
ne ſommes toujours que pour lui tout ce que

nous fommes; c'eft à lui que tout l'honneur en eft dû; & nous ne pouvons ni nous en élever, ni nous préférer à qui que ce foit. Pour nous livrer donc à la complaifance, pour concevoir de nous-même quelque fentiment flatteur, il faut que notre cœur s'accoûtume à l'indépendance; il faut qu'enyvrés de ce que nous fommes, nous oubliions de quelles mains nous fommes fortis. Or qu'y auroit-il de plus injufte que ce fentiment? C'eft, dit un Prophète, la plus folle de toutes les imaginations; c'eft comme fi l'argille venoit à penfer qu'elle n'eft point entre les mains du potier; c'eft comme fi le vafe difoit à celui qui l'a formé : Vous ne m'avez point fait. Telle eft la folie de tous les efprits vains, qui fe laiffent enfler de l'idée de leur mérite. Ils ne fongent plus qu'ils ne fe font pas faits, & que ce qui les diftingue, non-feulement n'eft pas à eux, mais ne fait pas même leur mérite. Les dons de Dieu, en effet, ne nous font glorieux que par le bon ufage : & qui eft ce qui n'eft pas coupable de quelqu'abus? N'en avons-nous point à nous reprocher, & en eft-il un plus criant que l'orgueil même que nous concevons à l'occafion de ces dons?

Rendons-nous juftice une bonne fois, & nous trouverons peut-être que ce qui nous diftingue le plus. n'eft propre qu'à nous rabaiffer au-deffous de tous. Ce qu'il y a d'eftimable en nous vient d'en haut : ce qu'il y a de mauvais ne vient certainement que de nous : par là chacun doit se croire le dernier des hommes, parce qu'il peut être le premier des pécheurs. Que la vûe de notre indignité se joigne donc à celle de notre néant, pour achever de nous rendre conformes à Jésus-Christ. Est-ce trop de demander à des membres, qu'ils entrent dans les dispositions de leur Chef ? L'Apôtre le demande : mais il comprend bien la différence qu'il y aura toujours entre les dispositions du Chef, si saintes, si parfaites, si divines, & celle des membres, qui, par leur corruption & leur foiblesse naturelle, sont si opposés à l'humilité & à la croix de leur Sauveur. Que peut-on refuser cependant, après avoir vû Jésus Christ ne se point prévaloir de sa divinité, pour se dispenser de se rendre en tout semblable à l'homme ; entrer dans un état de servitude pour obéir durant toute sa vie mortelle, & renoncer dans son corps à tous les droits de la gloire qui lui est dûe, pour pouvoir souffrir & mourir ? Combien est grande la plaie de notre orgeuil, qui ne peut être guérie que par l'anéantissement & les souffrances d'un Dieu ? Mais combien est désespéré le malade qu'un tel reméde ne guérit pas ?

PRIERE.

EH! falloit-il, mon Dieu, de si grands motifs, pour obliger un ver de terre à ramper devant vous! Qui suis-je sans vous, & que suis-je à vos yeux quand l'ingratitude & l'infidélité défigurent en moi vos dons, où m'en rendent indignes? Confondez donc, mon Dieu, toute ma vanité : rebaissez moi par mes sentimens, jusqu'au fond du néant d'où vous m'avez tiré : n'oubliez rien pour m'humilier : montrez moi le dégré d'avilissement où je tombe par le péché, & la profondeur de l'abaissement où vous êtes descendu, pour en guérir en moi la plaie mortelle. Parlez vous seul, ô Jésus, du grand mistère de vos humiliations, puisque vous seul les pouvez comprendre : mais parlez-en plus à mon cœur qu'à mon esprit : apprenez-lui ce qu'il doit à un Dieu anéanti, à un Dieu obéissant jusqu'à la mort de la croix, & ce que lui doit votre justice, si son orgueil & sa présomption se défendent désormais contre un tel exemple.

POUR LE LUNDI.

RÉFLEXIONS

SUR LA PASSION DE JESUS-CHRIST

LE Fils de Dieu durant les jours de sa chair & dans le séjour qu'il a daigné faire sur la terre des pécheurs, a opéré plusieurs mystères ; & comme le vrai Soleil de Justice formé dans la plénitude des temps, il a passé, en accomplissant sa course, par différens états pour opérer par dégrés sur nos ames les divers effets de grace & de sainteté dont il est la source & la plénitude. Mais entre tant d'états & de mystères différens qui demandent toute notre adoration & notre reconnoissance, celui dans lequel nous devons l'adorer & l'aimer davantage ; celui qui paroît avoir plus de puissance sur les cœurs, & plus d'efficace pour y répandre ses influences de grace & d'amour, c'est sans doute l'état & le mystére de sa passion, dans lequel, comme dans le dernier de tous ceux de sa vie mortelle, il a voulu faire éclater les marques les plus sensibles de sa charité, & les effets les plus surprenans de sa miséricorde : aussi n'a-t il eu en vûe que d'accomplir celui-ci sur la terre depuis le moment de son Incarnation, & d'y renfermer tout ce qu'il devoit faire pour nous pendant sa vie. L'Eglise elle-même, dans son Symbole, passe tous les autres sous silence, & nous propose les souffrances & la mort du Sauveur immédiatement après sa naissance; comme s'il n'étoit venu au monde que pour consommer ce grand mystère, & y rappeller toute notre attention C'est donc à la connoissance de Jésus souffrant & crucifié, que doit se terminer toute la science de ses vrais disciples. Saint Paul lui-même fait profession d'y borner toute la sienne, parmi les dons extraordinaires, les lumières & les connoissances profondes dont l'esprit de Dieu l'avoit rempli: on ne le trouve jamais plus énergique & plus éloquent, que lorsqu'il annonce la parole de la Croix: il ne se glorifie qu'en elle, parce qu'il n'est attaché qu'à elle seule pour y vivre & pour y mourir: il publie hautement qu'il ne sait & ne veut savoir autre chose dans le monde, & il n'y a rien qu'il prêche avec plus de force, ni qu'il persuade plus puissamment, que l'adoration, la reconnoissance, l'amour & l'imitation des saintes souffrances de son Maître.

Vous inspiriez vous-même, ô mon Sauveur, ces grands sentimens à votre Apôtre, pour nous apprendre par lui que vous aviez renfermé toute la science du salut dans le mystère de votre Croix, & qu'il faut désormais y aller chercher la source de la vraie juſtice. Je vois en effet, dans l'hiſtoire de votre Evangile, qu'avant que ce myſtère fû accompli, vous n'avez attirez à vous que peu de perſonnes, & converti que peu de pé- cheurs; vous annonciez indifféremment à tous les paroles de la vie éternelle, vous prêchiez à tous les voies du ſalut & les véri- tés du Royaume de Dieu: mais hélas, Sei- gneur, qu'il y en avoit peu qui ſoumîſſent leur cœurs à votre céleſte doctrine, qui en- traſſent dans vos maximes & qui vouluſſent porter votre joug! Ces maximes ſaintes leur paroiſſent déraiſonnables, cette doctrine trop dure, ces voies trop étroites, & ce joug trop péſant: mais depuis ce grand myſtére, vous êtes devenu, ſelon votre parole même, comme le grain de froment qui étant mort dans la terre, rapporte cent pour un; & on ne peut vous regarder avec foi ſur la Croix, ſans être pénétré du déſir de vous honorer, & de vous ſuivre. S'il m'eſt permis, Seigneur, de chercher la cauſe de cette différence dans vos Livres ſacrés; j'apprends de ceux qui nous les ont expliqués de votre part, que vos maximes ne paroiſſent déraiſonnables qu'à ceux dont le péché a corrompu la raiſon; que votre doctrine n'eſt dure qu'à ceux qui ont le cœur dur, ni vos voies étroites & votre joug inſupportable, qu'à ceux à qui la cupidité a reſſerré le cœur pour les choſes du Ciel. Mais c'eſt le propre de votre grace, ô

Dieu Sauveur, de redreſſer & d'éclairer la raiſon de l'homme, d'amolir, d'étendre, d'élargir ſon cœur; & de lui faire porter avec plaiſir votre aimable joug en le lui faiſant aimer; & cette grace eſt l'effet de votre mort, comme le fruit de votre Croix. Ainſi s'accomplit ce que vous aviez dit aux Juifs & ce que votre Apôtre a dit depuis, que quand on vous auroit élevé de la terre par le moyen de la Croix, vous attireriez tout à vous; & que ce qui paroiſſoit en vous une grande foibleſſe, deviendroit plus efficace & plus fort que toute la force des hommes.

P R I E R E.

QUE j'aye donc le bonheur, ô mon Sauveur, d'avoir quelque part à cet attrait divin, & que je vous diſe du fond du cœur avec votre ſainte épouſe: *Trahe me poſt te,* tirez-moi à vous, approchez-moi de votre Croix, portez-moi ſur le Calvaire pour vous y adorer dans vos opprobres, pour y admirer l'excès de votre amour, pour y apprendre la Théologie chrétienne que vous nous enſeignez, afin que je me forme ſur vous, en cet état où vous étes mon modèle, & que je me donne à vous ſans réſerve, pendant que vous vous donnez ſi parfaitement pour moi. C'eſt à ce deſſein & dans cet eſprit, ô Jeſus ſouffrant, Jéſus crucifié, que je deſire vous ren-

dre mes hommages dans cet adorable myſtère & m'occuper des principales circonſtances de votre Paſſion ſainte durant les jours
que votre Egliſe conſacre plus particulière-
ment à ſa mémoire. J'aurai, Seigneur, ſi vous
daignez conſommer en moi vos miſéricordes,
j'aurai une éternité pour vous contempler,
pour vous honorer, & pour m'offrir à vous,
en vous conſidérant dans votre état glorieux :
il eſt trop juſte que j'emploie ce ſaint temps
à vous adorer, à vous aimer & à vous rendre
tous mes autres devoirs dans vos ſouffrances ;
ma vie entière ne ſeroit pas trop longue,
& ſe trouveroit dignement employée en ce
ſeul exercice : daignez du moins remplir
maintenant mon cœur de votre eſprit & de
vos ſaintes diſpoſitions ſur l'état & le myſtère
de votre Croix.

DE L'EVANGILE.

*Il commença d'être saisi d'ennui, de tristesse
& de douleur.*

TOUT est grand, tout est mystérieux &
divin dans ces paroles. Jesus-Christ,
qui alloit avec joie consommer son sacrifice
sur la Croix, comme dit l'Apôtre, n'est pas
plûtôt entré dans le jardin des Oliviers, qu'il
y conçoit un sentiment de tristesse & d'ennui que tous les Evangelistes ont eu soin de
marquer: pourquoi donc veut-il commencer
sa Passion par cette affliction intérieure qui
pénétre son Ame sainte? Nous n'avons qu'à
jetter les yeux sur nous-mêmes pour en apprendre la raison, & nous n'aurons pas de
peine à comprendre que c'est la nature du
péché, & la pénitence du péché qui le font
entrer en cet état. Comme victime & comme
exemple, il veut souffrir de telle sorte, qu'il
puisse en même-tems satisfaire en toute ri-
gueur à la justice de Dieu son Pere, & montrer la voie qui doit conduire l'homme pécheur
à la vraie justice. Faisons-y bien attention: le
péché se commence & se consomme par un
plaisir criminel & une vaine joie que notre
cœur trouve à jouir de la créature, & il ne
peut être expié que par une douleur & une
tristesse contraire, que l'esprit de péni-

tence & l'amour du Créateur produisent dans
le fond de nos cœurs. L'ame & le corps font
tous ceux fouillés du péché; mais le péché
eft toujours confommé dans la volonté avant
que le corps y ait part: il eft jufte par conféquent qu'ils foient tous deux condamnés à
la pénitence; il eft néceffaire que pour retourner à Dieu en quittant le péché, nous
ne mortifions pas feulement nos corps, mais
que par une fainte trifteffe nous affligions nos
ames, & que nos cœurs touchés & animés de
l'efprit de la grace, foient comme brifés par
une douleur falutaire.

Vous fuivez donc vous-même cette conduite, ô mon Sauveur; dès le commencement de votre Paffion, vous obéiffez le premier à la loi fainte de la pénitence que vous
avez faite, & à l'ordre infiniment jufte que
vous en avez tracé; & lorfque vous voulez
fatisfaire pour nos péchés, vous commencez
par les fouffrances de l'ame, qui font l'ennui, l'affliction & la trifteffe profonde que
vous concevez pour nos offenfes. Mais je
m'apperçois que vos peines intérieures font
fi grandes & fi violentes, qu'elles femblent
vous rendre toutes compagnies infupporta-
bles, & vous féparent même de ceux que
vous en aviez d'abord rendus les confidens:
car votre Evangelifte m'apprend que vous
entrez plus avant dans le Jardin, & que vous
vous éloignez pour un tems de vos chers

diſciples: ce n'eſt pas ſeulement pour leur épargner par bonté la peine & la triſteſſe que les vôtres devoient leur cauſer, & pour leur inſinuer davantage cette charité qui rend attentifs à n'être point à charge à ſes freres; c'eſt ſans doute encore, ô mon Sauveur, pour vous abandonner vous-même avec plus de liberté à la douleur qui vous preſſe, & pour en faire dans ce moment un ſacrifice d'expiation plus parfait par ces circonſtances. Je la vois augmenter en effet tandis que vous êtes ſeul ſous les yeux de votre Père, & il paroît que vous lui donnez alors plus de pouvoir ſur vous pour vous affliger davan- tage devant ſa Majeſté adorable, & pour faire une plus vive impreſſion ſur votre ame divine. C'eſt ſans doute encore pour nous faire comprendre, que quand vous touchez nos cœurs de la douleur ſincère de nos pé- chés, & que vous formez en nous par votre eſprit le deſſein d'en faire une véritable pé- nitence, nous devons nous ſéparer de tout ce que nous avons de plus cher pour ré- pandre nos larmes & nos prières devant Dieu ſeul, pour lui offrir dans une entière ſolitude, le ſacrifice d'un cœur contrit & humilié par la triſteſſe ſalutaire de la pénitence.

PRIERE.

DONNEZ-moi donc, Seigneur, la grace d'une diſpoſition ſi juſte & ſi néceſſaire à un pécheur tel que je ſuis ; faites moi cette miſéricorde, qu'enviſageant déſormais mes iniquités comme la ſource de vos ſouffrances, je m'en afflige au moins avec vous, que j'entre dans les ſentimens de triſteſſe & de douleur dont je vois aujourd'hui votre cœur pénétré, & que durant cette vie, cette triſteſſe & cet ennui ſalutaire ſoient mon partage, puiſque vous en faites le vôtre pour moi par une charité incompréhenſible & toute divine.

POUR LE MARDI.

RÉFLEXIONS

SUR LA PASSION DE JESUS-CHRIST.

Étant tombé en agonie, il redoubla ſes prières.

LA triſteſſe où Jeſus-Chriſt veut bien s'abandonner dans le jardin des Oliviers, eſt ſi grande & ſi profonde, qu'elle reſſemble bien plûtôt à l'agonie d'un homme mourant, qu'à la douleur ordinaire d'un homme qui ſouffre ; & il faut que le ſentiment de cette douleur soit bien expreſſif, puiſque par un évènement ſans exemple, il cauſe une lueur de ſang qui, apres avoir baigné ſes vête-mens, découle par groſſes goutes juſques ſur la terre ſelon les termes de l'Evangile. Quelles différentes penſées la Religion doit-elle inſpirer à la vûe d'un tel objet, & qu'eſt ce qu'une foi vive & tendre ne nous dit pas ſur l'étrange ſituation où l'amour du Sauveur pour nous a été capable de le réduire? C'eſt dans cet état de langueur & d'agonie mor-telle, qu'il ſe préſente comme homme à Dieu ſon Pere, pénétré pour lui du reſpect le plus profond, ſon ame comme anéantie par humi-lité devant ſa grandeur ſuprême, ſon corps abattu & proſterné, le viſage contre terre, ſous les yeux redoutables de ſa Majeſté. Il éleve vers lui ſa voix à la vûe du genre de ſouffrance & de mort qu'on lui prépare, & par la prière la plus fervente répétée juſqu'à trois fois, il le ſupplie d'éloigner de lui ce calice amer, en le diſpenſant de le boire, *tranſeat à me calix iſte.* Ne demandons point ici pourquoi une prière ſi juſte & ſi raiſon-nable n'eſt point exaucée, quoique nous connoiſſions la dignité de celui qui la fait & la bonté de celui à qui elle eſt faite avec une affection ſi tendre. Nous n'en ignorons pas la raiſon, nous ſavons de quoi Jeſus-Chriſt ſe trouve redevable pour nous devant ſon Pere adorable,

Mais

Mais du moins, ô mon Sauveur, me fera-t-il permis de vous demander moi-même humblement, pourquoi vous priez maintenant avec tant d'inftance que Dieu éloigne de vous la paffion que vous avez defirée avec tant d'ardeur. Si je comprens bien vos myf-téres & vos penfées, il me femble que vous vous regardez comme chargé de tous les pé-chés du monde, & que vous envifagez tout le poids de la divine juftice qui eft fur le point de fondre fur vous pour les punir en votre perfonne. Je rappelle cette parole de votre Apôtre : *Que c'eft une chofe terrible de tomber entre les mains du Dieu vivant.* Rien ne fait mieux comprendre la peine & la trifteffe où je vous vois réduit, lorfque vous confidérez que bien-tôt vous devez tomber entre les mains de celui qui ne vous traitera pas com-me un père plein de douceur, ce n'en eft pas le temps, mais comme un Dieu vivant, comme un Dieu vengeur, comme un Dieu outragé qui doit épuifer fur vous le vafe re-doutable de fa fureur, & qui par tous les traits d'une colère jufte, mais toute puiffante, véut punir & détruire le péché dont vous vous êtes chargé. C'eft donc dans la vue de fa juf-tice, dont tous les flots font prêts de tom-ber fur vous, que vous lui dites : *Que ce calice s'éloigne de moi.* Votre demande pourtant n'eft pas abfolue ; car par la charité que vous avez pour moi, vous y ajoutez auffi-tôt cette

Tome I I. R

condition : *Mais néanmoins que votre volonté s'accomplisse & non pas la mienne.* Parole grande, parole adorable, parole de salut; elle renferme en effet le salut du monde, puisque c'est cette volonté de Dieu votre Pere qui nous a sanctifiés par l'oblation de votre corps; c'est aussi le seul desir que vous avez de faire cette volonté sainte qu'il considere maintenant en vous. Il n'écoute pas la première partie de votre prière qui regarde vos intérêts; & il ne vous a exaucé que dans la derniere qui regarde les intérêts de mon ame. Ainsi il vous oublie en quelque façon pour se souvenir de moi, & il vous traite selon sa justice, pour exercer sur moi ses misericordes.

PRIERE.

C'EST dans la vue de cette conduite de Dieu sur vous, ô mon Sauveur, qu'il me semble que toute créature devroit s'oublier elle-même pour vous : mais en adorant une soumission si parfaite, en consentant à l'exécution de la volonté de Dieu sur vous & à l'honneur qu'il veut se faire rendre par le sacrifice de votre mort, tout ce que je puis faire moi-même, ô mon Libérateur! pour vous honorer & vous imiter par votre grace, c'est de vous dire aussi pour tout ce qui me regarde : *Non mea, sed tua voluntas fiat,* que toutes vos volontés soient accomplies en moi,

que je renonce fans réferve à celles de la chair,
pour me foumettre à celle de votre efprit, &
que déformais je m'abandonne avec une confiance refpectueufe entre les mains d'un Dieu
fouffrant, qui pour l'amour de moi s'eft jetté
entre les mains d'un Dieu vivant.

RÉFLEXIONS

Sur la Passion de Jesus-Christ.

Jefus dit à fes Difciples: Levez-vous maintenant,
& fortons d'ici, celui qui doit me trahir
n'eft pas loin.

CE courage extraordinaire du Sauveur
fut un effet de fon humble & perfévé-
rante prière dans le jardin. Il paroiffoit foible
il n'y a qu'un moment, faifi de crainte, d'ennui & de trifteffe, à la vue des tourmens qu'on
lui prépare; à préfent il fe montre plein d'impatience & d'ardeur pour les aller chercher
lui-même, faifant voir d'un côté que fa Paffion eft toute volontaire, & qu'il l'accomplit
d'un cœur tout embrafé de l'amour de fon
Pere; & nous montrant de l'autre, à prier
comme il faut dans les plus grandes peines
de la vie, pour recevoir le courage de les porter comme il faut, & d'en faire un facrifice
volontaire à la juftice de Dieu. Il marche
donc d'une part à la tête de fes difciples, &

de l'autre, Judas s'approche à la tête d'une troupe de gens armés qui le cherchent. Mais envain ces impies le cherchent, s'il ne se présente lui-même à eux, & ne leur donne pouvoir sur sa propre personne. Il lui seroit facile en effet de rendre inutile le dessein de Judas & des Juifs, qui l'accompagnent, & s'ils n'étoient eux-mêmes frappés du dernier aveuglement, ils comprendroient qu'ils ne peuvent rien faire sans sa permission, puisque la seule premiere parole qu'il leur dit en leur répondant, les renverse tous par terre. Ce n'est donc qu'après sa permission & tandis qu'il suspend l'exercice de sa puissance, que le traître Judas s'approche de sa personne sacrée pour lui donner un baiser & le livrer par ce signal même de la paix entre les mains de ses ennemis.

Ici, ô mon Sauveur, parmi les différentes réflexions qui se présentent & qui m'accablent en votre présence, je m'arrête à une circonstance la plus propre à m'instruire, comme la plus digne de mon attention. Je vois en effet que ne pouvant vous assujettir à toutes les peines auxquelles nous sommes exposés parce que plusieurs sont incompatibles avec la dignité de votre Personne, vous choisissez précisément pour vous celles qui sont les plus humiliantes, & qui se font sentir le plus vivement : la trahison au premier chef par un de vos disciples, la plus noire perfidie & le plus

grand de tous les crimes commis fous vos
yeux , par les dehors même de l'affection la
plus marquée & du plus tendre refpect : il n'en
falloit pas moins pour devenir notre modèle ,
& pour nous pouffer a bout par l'exemple de
votre divine patience. Loin de rejetter , en
effet, un hypocrite & un traître de cette efpèce , vous le laiffez tranquillement approcher, & vous vous contentez de lui dire :
Amice. Mon ami. Qu'êtes-vous venu faire ici ?
Quoi ! Judas, vous trahiffez le Fils de l'homme
par un baifer ! paroles vraiment dignes de la
charité & de la douceur d'un Dieu : j'y apperçois fans peine, ô Jefus, les différens mouvemens dont votre cœur eft agité pour lors fans
rien perdre néanmoins de fa paix & de fa tranquillité. Vous paroiffez être furpris de voir
tomber un Apôtre d'un état fi élevé dans l'a-
bîme d'une fi noire perfidie ; vous répondez
comme étonné de voir ce miférable perfévé-
rer dans l'endurciffement de fon cœur , après
qu'il vient d'être témoin de votre puiffance
divine : vous lui parlez de paix & vous le traitez comme votre ami, lorfqu'il exerce à votre
égard toute la perfidie d'un ennemi mortel.
Vous êtes percé de douleur dans la vue de fon
crime & pour la perte de fon ame ; & cette
perte vous eft d'autant plus fenfible que vous
lui avez donné des marques plus particulières
de votre extrême bonté, par fa vocation à l'a-
poftolat, par la communication de vos grands

R iij

fecrets, par l'inftruction de vos plus faintes vérités, par la vue de vos miracles, & le don tout gratuit d'en faire plufieurs en votre nom, par la participation même toute récente au Sacrement adorable de votre corps. Mais cet ingrat fe rend, par fa propre malice, tous ces bienfaits inutiles pour fon falut, & nous donne, par fa perte, un exemple terrible de vos jugemens fur l'infidélité d'une ame qui abufe de vos miféricordes.

PRIERE.

QUE puis je donc faire, Seigneur, en le regardant des yeux de la foi, finon frémir d'horreur, m'anéantir devant vous dans la vue de mes infidélités & de ma misère, me craindre moi-même plus que toute autre chofe, me convaincre de plus en plus de la néceffité de veiller & de réprimer les moindres mouvemens de la cupidité ; mais fur-tout crier fans ceffe vers le Thrône de votre grace avec le Prophête : *Ne m'abandonnez pas entierement, Seigneur,* de peur que je ne tombe dans une apoftafie femblable à celle de ce miférable, que je ne vous livre à mes paffions & à mes inclinations corrompues, qui font encore plus vos ennemis que les Juifs ne l'ont jamais été.

POUR LE MERCREDI.

RÉFLEXIONS.

Sur la Passion de Jesus-Christ.

Jésus-Christ accusé, interrogé & condamné chez Caïphe.

LEs Princes des Prêtres & tout le Conseil, dit l'Evangéliste, cherchoient quelque faux témoignage contre Jésus pour le faire mourir, ils n'en trouvoient point, quoique plusieurs se fussent présentés : mais après les cris tumultueux de ses faux témoins, qui ne pouvoient prouver leurs différentes accusations contre lui, le Grand-Prêtre voulant tirer lui-même de sa bouche une confession précise de ce qu'il étoit, l'interroge de nouveau, & lui parle ainsi : je vous commande par le Dieu vivant de nous dire si vous êtes le Christ, Fils de Dieu. Le Sauveur étoit trop pénétré de ce saint & adorable nom pour ne pas le respecter dans la bouche de ce méchant Prêtre ; & quoiqu'il vît clairement le mauvais usage qu'il alloit faire de son obéissance, il obéit néanmoins, & il avoue qu'il est le Christ fils de Dieu. Alors le Pontife déchira ses vêtemens, & tous ceux qui composoient ce Conseil impie, s'écrierent

tous avec lui : Il a blafphêmé, qu'avons-nous
befoin encore de témoins, puifque nous l'a-
vons ouï nous-mêmes, de fa propre bouche?
Il eft digne de mort ; & ils concluent tous en
effet qu'il la mérite. Que de fujets d'adoration,
& combien de faintes inftructions dans la conduite de Jéfus-Chrift! Elle nous apprend fur-
tout qu'on ne connoît jamais mieux la fincérité
de notre culte, & que nous ne pouvons nous
donner à nous-mêmes des preuves plus véritables de la religion de notre cœur, que quand
nous regardons la parole & les myftères du
Sauveur fur les lèvres & dans les mains des
mauvais Prêtres avec autant de refpect que
dans celles des plus grands Saints. Elle nous apprend à ne pas chercher de prétexte d'infidélité ou de mépris pour les vérités que les Pafteurs nous annoncent de la part de Dieu & en
fon nom, quoique ce nom foit quelquefois auffi
indignement dans la bouche de quelques-uns,
que préfentement dans celle du Pontife.

Mais tandis que vous honorez ce grand
nom, ô mon Sauveur, ces impies le desho-
norent en vous ; tandis que vous adorez Dieu
devant les Puiffances qu'il a établies, ils vous
accufent de le blafphêmer, & vous ne fouffri-
riez pas fans doute cette horrible calomnie, fi
vous ne vouliez en tirer quelque bien. Elle a
au moins à notre égard cette utilité, qu'elle
nous apprend à ne nous pas arrêter à l'eftime
des hommes, & à ne pas juger de la piété

véritable par le jugement qu'en fait le monde.
Vous nous avez appris autrefois par votre parole, ô Jesus, que ce qui est grand aux yeux
des hommes est en abomination devant Dieu ;
mais nous connoissons maintenant par ce qui
se passe en vous, que ce qui est de plus grand
devant Dieu, est souvent en abomination devant les hommes. Qu'il est glorieux & conso-
lant pour vos serviteurs fidèles, de n'être pas
mieux traités que vous, de vous avoir à leur
tête comme leur chef, & de pouvoir honorer
par des effets la patience avec laquelle vous
avez souffert le jugement & l'iniquité des
hommes charnels ! il est juste que je l'honore
aussi en la manière que je puis maintenant : je
m'humilie donc & m'anéantis devant vous, ô
Vérité humiliée par cette accusation de mensonge ; je m'unis à la religion de votre cœur,
ô seul véritable, seul digne adorateur de Dieu,
accusé d'irréligion & de blasphême ; je vous
adore souverain Prêtre & auteur de la vie des
Chrétiens, condamné à la mort par le suf-
frage des pécheurs & par la Sentence du Pontife, qui n'a que l'ombre de votre Sacerdoce.
Cet impie, dont la dignité figure la vôtre, ne
fait que servir à vos desseins, & il ne s'apperçoit pas que son impiété même devient pro-
phétique de l'établissement de votre Religion ; car en déchirant ses vêtemens, pour
irriter les hommes contre vous, & leur persuader que vous êtes un blasphêmateur, il

R v

nous apprend que la Religion des Juifs va ceſſer, que les ombres vont diſparoître pour faire place à la réalité ; que le voile va être déchiré pour nous découvrir vos myſtères, & que le Temple figuratif ſera bien-tôt détruit, auſſi bien que le Sacerdoce dont il abuſe pour vous faire condamner.

PRIERE.

MA I S pendant que cette troupe ſacrilége éleve ſa voix, ô mon Sauveur, & qu'elle s'écrie injuſtement que vous méritez la mort, permettez-moi d'élever auſſi ma voix, mais plus encore mon eſprit & mon cœur, pour reconnoître & publier par-tout que vous êtes ſeul digne de vivre. Oui, vous êtes, ô Jéſus ! la vie éternelle qui étoit dans le Père, & qui s'eſt venu montrer à nous. Vous êtes la première production de vie avant tous les ſiècles, & le principe de la vie dans le temps ; & vous ſeul êtes digne de vivre dans nos cœurs, comme vous vivez ſeul dans le ſein de votre Père. Vivez donc éternellement, ô Jéſus, dans la ſociété du Père & du Saint-Eſprit, & dans l'union de vos deux natures ; vivez dans l'unité de votre corps, dans le cœur de tous vos membres, dans le mien en particulier, & dans le ſein de l'Egliſe votre épouſe.

RÉFLEXIONS

SUR LA PASSION DE JESUS-CHRIST.

Pierre qui l'avoit suivi, étoit assis dehors dans la cour de la maison du Grand Prêtre.

PENDANT que Jésus - Christ, durant une nuit entière, souffre dans son corps tout ce qu'on peut imaginer d'insultes, de douleurs & d'humiliations par la brutalité des gens qui sont chez Caïphe, il reçoit dans son cœur une plaie plus humiliante encore & plus sensible que celle-là, par la chute déplorable du premier de ses Apôtres. Il n'y a pas tant de sujet de s'étonner que les Scribes & les Pharisiens, les Magistrats, les Prêtres & leurs successeurs, ayent exercé sur le Sauveur leur rage & leur fureur. Ce sont des aveugles qui ne le connoissent pas, & qui se sont déclarés de tous temps ses ennemis: mais que celui qui a été tiré de la poussière pour être à la tête de ses disciples, qui a demeuré durant plus de trois années dans son école, nourri de sa parole sacrée & du Sacrement de son corps, témoin de tous ses miracles, & de sa gloire même sur le Tabor: que celui enfin à qui le Père Céleste a révélé en particulier que Jésus est vraiment le Christ Fils du Dieu vivant, déclare cependant qu'il ne

R vj

le connoît seulement pas, c'est, il faut l'a-
vouer, le comble de l'humiliation & l'affliction la plus mortelle pour Jésus - Christ.
Pierre, non interrogé par des Juges, ni pressé
par le Grand-Prêtre, ni intimidé par des
bourreaux, mais interrogé par une simple
femme, n'a pas le courage de confesser qu'il
est à son maître, & le renie hardiement devant
tout le monde. Sa premiere faute, qui lui laisse
le temps de la réflexion, ne le réveille point,
au contraire, entendant dire à une autre ser-
vante, qui ne lui adresse pas même la parole,
qu'il étoit avec Jésus de Nazareth, il le nie
une seconde fois avec plus de force, ajoûtant
le serment au mensonge. Enfin il tombe dans
un troisiéme abîme, & se voyant de nouveau
remarqué pour être de sa compagnie, il se
met alors à detester & à dire en jurant : *Je ne
connois point cet homme.* Voilà où aboutissent
ces promesses de fidélité qu'il faisoit avec
tant d'assûrance il n'y a que peu de temps ;
voilà où se réduisent tous les efforts de la
nature vaine & présomptueuse, dont l'orgueil
a éloigné l'esprit de la grace : mais voilà aussi
jusqu'où va l'excès de la colère de Dieu contre les Pécheurs, & de sa justice sur son propre Fils, comme chargé des péchés du
monde : elle le condamne à être abandonné,
méconnu, affligé par ceux même qu'il a
comblés de plus de bienfaits, & à ne recevoir de consolation de personne, comme les
Prophêtes l'avoient prédit.

Que j'apprenne donc ici par votre exemple, ô Jesus! à n'attendre point de consolation des hommes dans mes afflictions, à souffrir l'ingratitude & l'abandonnement de mes meilleurs amis, quand il vous plaira permettre que je fois traité comme vous, & à n'être pas pour cela moins ardent à leur faire du bien. Car je vois que vous n'abandonnez pas ce pauvre disciple qui vient de vous abandonner, vous cherchez cette brebis égarée, & vous jettez enfin les yeux de votre miséricorde fur ce disciple qui rougit de vous & de vos souffrances. Mais comment, Seigneur, avez-vous pû regarder Pierre? Car vous êtes dans une falle haute & au dedans de la maifon du Pontife; Pierre eft en bas & au dehors: auffi n'eft ce pas des yeux de votre corps que vous le regardez, mais des yeux invifibles de votre miféricorde, & par une grace toute fingulière qui ouvre & pénétre fon cœur, qui ralume fa foi, ranime fa charité & lui fait concevoir des fentimens de douleur & de pénitence. C'eft alors que cet Apôtre que vous aviez inftruit de votre bouche, & par qui vous voulez inftruire les pécheurs pénitens, travaille à mériter le pardon avant que de le demander & de l'obtenir: c'eft alors qu'il fe fouvient de la parole que vous lui aviez dite en lui prédifant fa chute; qu'il quitte cette malheureufe compagnie qui a été l'occafion de fon péché, qu'il fort & qu'il va fe laver dans ſes larmes. Voilà comment vous vous rendez préſent aux volontés & aux actions des hommes par votre ſecours; voilà comment vous opérez en nous le vouloir & le faire.

PRIERE.

QUE vos jugemens ſur les hommes ſont impénétrables, ô mon Dieu! que votre miſéricorde ſur les pécheurs eſt grande, que vos regards ſont puiſſans & efficaces dans le temps même de votre plus grande foibleſſe, & où vous paroiſſez le plus infirme! Ces colonnes de votre Egliſe deviennent foibles comme des roſeaux quand ils détournent de vous un moment leurs yeux; & ces roſeaux deviennent de nouveau des colonnes par un ſeul de vos regards. Ah! Seigneur, que ce que vous avez fait ſur cet Apôtre ſe faſſe encore ſur moi; jettez ſur mon cœur un de ces regards de miſéricorde & de grace, qui en briſe la dureté, qui y détruiſe l'amour du péché, du monde & de la vie préſente, qui l'embraſe de votre amour, qui y produiſe l'eſprit de pénitence, & qui en faſſe ſortir les larmes d'une véritable contrition.

POUR LE JEUDI.
RÉFLEXIONS
SUR LA PASSION DE JESUS-CHRIST.

Jésus-Christ conduit dans le prétoire, devant Pilate Gouverneur de la Judée.

LE Sauveur dans le cours de sa Passion, dont il est encore plus le maître que ceux qui en sont les auteurs & qui la lui font souffrir, veut bien passer sans ménagement par toutes les humiliations, & se voir produire dans tous les lieux de Jérusalem comme un criminel. Il a déja été présenté à Anne beau-Pere du Pontife, pour satisfaire sa curiosité; il a paru ensuite devant Caïphe qui l'a jugé digne du dernier supplice ; il sera dans peu renvoyé à Hérode qui en fera le sujet de sa raillerie & de son mépris; il est maintenant devant le tribunal des Gentils, lui qui est le Juge des vivans & des morts, & à qui le Père a donné tout pouvoir de juger le monde.

Mais en cela comme dans tout, les desseins éternels de la sagesse de Dieu s'exécutent; il souffre que ceux mêmes qui doivent avoir part aux fruits de la mort de son Fils en soient

les exécuteurs pour faire davantage éclater le
don gratuit de fa grace fur eux: il permet, felon la parole de l'Apôtre, que tous foient en-
veloppés dans le péché, afin de faire miféricorde à tous, & que les Gentils n'aient en cela
aucun avantage fur les Juifs. Pilate s'adreffe
donc à ces derniers pour favoir d'eux de quoi
ils accufent Jefus-Chrift, & pour procéder à
fon jugement avec connoiffance de caufe.
Cette feule queftion excite leur brutale impatience en choquant leur orgueil, & ils
difent fièrement pour toute réponfe, que fi
ce n'etoit pas un méchant reconnu pour tel,
ils ne l'auroient pas livré entre fes mains.
Leur aveugle précipitation ne prétend laiffer
à ce Juge ni la liberté ni le temps de l'examiner, & ils veulent qu'il prononce fa condamnation fur leur feule parole: comme fi c'étoit
un attentat de garder quelques formalités à
fon égard, & de paroître douter un moment
qu'il foit coupable. Jamais aucun criminel ne
fut traité avec tant d'injuftice, il eft vrai;
mais jamais auffi aucun criminel ne fut chargé
devant Dieu de tant de crimes que fon amour
lui a fait prendre fur lui: ce font, dit le Prophête, les iniquités de nous tous, coupables,
ingrats, facriléges, corrompus; c'eft ce qu'il
ne faut jamais perdre de vue, en voyant com-
metre contre Jefus-Chrift des excès fi capables d'étonner & d'humilier notre foi.

Vous voilà donc, ô le plus jufte de tous les

hommes, entre les mains d'un Juge Payen qui reconnoîtra votre innocence fans avoir la force de la protéger, & qui abufera criminellement contre vous du pouvoir qu'il a reçu de vous-même. On vous charge devant lui de troubler le repos public, d'exiter le peuple à la fédition, d'empêcher qu'on ne paie le tribut à Céfar, & d'avoir entrepris de vous faire paffer pour Roi. Qui pourroit concevoir affez d'indignation contre une accufation où la fauffeté, l'aveuglement, l'ingratitude & la calomnie fe trouvent également! Il eft vrai néanmoins, Seigneur, que vous voulez régner feul, & que pour régner, vous troublez la paix des hommes; mais votre Royaume n'eft point de ce monde, comme vous répondez vous-même à ceux qui vous demandent fi vous êtes Roi des Juifs. Vous êtes le Roi de votre Eglife, que ce Juge ne connoît point, & ce n'eft point vous qui vous êtes attribué ce Royaume, mais il vous a été donné d'en-haut; vous êtes le Roi auffi bien que le Pere, non du fiécle préfent, mais du fiécle à venir; vous êtes le Roi des cœurs, & le trouble que vous y excitez pour y regner feul, eft un trouble falutaire, qui ne révolte l'homme que contre le péché; c'eft ainfi que vous êtes vraiment Roi: car *c'eft pour cela, dites-vous à Pilate, que je fuis né & que je fuis venu dans le monde, afin de rendre témoignage à la vérité.*

Que nous ne foyons jamais fi malheureux,

ô Roi immortel, que d'imiter ce Gouverneur infidèle, qui ne reçoit point le témoignage que vous lui rendez de votre Royaume, mais que la crainte des hommes & l'amour des avantages temporels empêche de rendre lui-même témoignage à ce qu'il connoît de la vérité. Il en auroit connu davantage, si après vous avoir demandé: *Qu'est-ce que la Vérité?* il ne vous eût point tourné le dos sans attendre votre réponse qui eût pû être pour lui une réponse de vie & de salut. Tout ce qu'il se contente d'admirer davantage dans tout ceci c'est de voir une fureur & une rage aussi implacable que celle des Juifs contre un innocent, dans une patience, un calme & une indifférence pour la vie aussi grande qu'elles paroissent en vous. Vous ne vous mettez point en peine, en effet, de réfuter les accusations de vos ennemis, comme vous le pouvez si facilement: vous êtes bien éloigné d'employer votre puissance à faire des miracles pour vous tirer de leurs mains, comme vous l'avez fait tant de fois en faveur de vos membres. Tout ce que vous opposez à tant d'efforts & de fausses accusations, c'est un humble & profond silence qui porte l'étonnement dans l'esprit même de ce Juge idolâtre, mais qui par là même le jette dans de nouveaux troubles & de nouvelles inquiétudes, ne pouvant se résoudre ni à vous délivrer ni à vous condamner.

PRIERE.

JE vous adore donc, ô mon Sauveur, en cet état si humiliant & dans ce silence si prodigieux. Je me jette à vos pieds dans ce moment, & je me donne à vous pour y demeurer dans une disposition d'humilité par laquelle je désire honorer & imiter la vôtre, & dans l'amour d'un silence religieux, que je vous supplie de produire dans mon cœur pour réparer devant vous l'injustice de mes plaintes ou l'indiscrétion toujours trop fréquente de mes paroles.

RÉFLEXIONS

SUR LA PASSION DE JESUS-CHRIST.

Jésus - Chriſt préſenté aux Juifs par Pilate &
condamné à la mort.

QUI n'auroit crû que Pilate qui étoit convaincu de l'innocence de Jéſus-Chriſt,
& qui ſavoit que l'envie ſeule & la paſſion
aveugle des Juifs l'avoient livré entre ſes
mains, n'employeroit pas toute ſon autorité
à rompre cette ſéditieuſe cabale, & à lui faire
porter la juſte peine de ſes calomnieuſes ac-
cuſations ; Auſſi paroît-il faire ſincèrement &
avec vivacité quelques démarches pour le délivrer, en proteſtant qu'il ne le trouve point
coupable des crimes dont on l'accuſe, & qu'il
ne veut pas ſe charger de ſon ſang. Heureux
s'il avoit ſoutenu ſes premiers ſentimens juſqu'au bout ! Il n'eſt pas rare, en effet, quand
on connoît la vérité & qu'elle fait certaines
impreſſions, de faire auſſi certains efforts pour
elle, pourvû qu'il n'en coûte pas certains ſacrifices: mais pour défendre dignement la
juſtice, pour rendre à la vérité tout le témoignage qui lui eſt dû, il ne faut craindre
& reſpecter, il ne faut aimer qu'elle, & c'eſt
par le partage & la duplicité du cœur qu'on
mérite de la méconnoitre, ou de l'abandonner après l'avoir connue. Pilate partagé en-

tre les devoirs de sa conscience & la crainte des hommes, voulant sauver Jésus-Christ dont il connoît parfaitement l'innocence, & ne voulant pas risquer les intéréts de sa fortune qu'on a menacé de lui faire perdre, croit pouvoir satisfaire à l'un & à l'autre par le plus injuste tempérament, qui condamne le Sauveur à être battu de verges pour pouvoir le renvoyer ensuite : c'est donc après une si cruelle flagellation, que ce Juge le conduit hors du prétoire pour le montrer aux Juifs comme le dernier des esclaves, couvert de plaies, déchiré de coups, couronné d'épines, & revêtu par dérision d'un manteau de pourpre. Voilà, dit-il, cet homme que vous m'avez livré entre les mains, & quelque juste qu'il m'ait paru, voyez le triste état où je l'ai réduit pour vous satisfaire : *Ecce homo.* Un tel objet cependant ne fait que les irriter, & au lieu d'en être touchés, ils demandent sa mort par des cris redoublés : Otez le du monde, disent-ils, & qu'il ne vive plus. Si Pilate avoit aimé la justice & la vérité autant que les Juifs haïssoient Jésus-Christ, on l'auroit vû ferme & inébranlable dans cette occasion : mais les cruels ménagemens qu'il a gardés jusqu'alors par politique, n'ont servi qu'à le rendre plus foible : un crime l'a disposé à un autre ; il monte sur son Tribunal, & contre les lumières de sa conscience, il livre Jésus comme coupable de mort & le condamne à expirer sur une croix comme un criminel.

Que ne m'est-il donné dans ce moment, Seigneur, de connoître toute la disposition intérieure avec laquelle vous entendîtes l'arrêt de votre condamnation. Ce n'est pas sans un dessein particulier que vous aviez dit à Pilate qu'il n'auroit nul pouvoir sur vous s'il ne lui étoit donné d'enhaut ; ce n'est donc pas ce Juge qui vous condamne injustement, que vous considérez ici, mais celui par la puissance duquel la sentence est prononcée contre vous. Vous n'avez point de crimes qui vous soient propres, ô mon Sauveur ! non, sans doute ; mais vous vous regardez comme un criminel universel, jugé & condamné par votre Père pour les iniquités de nous tous, c'est pour cette raison que vous recevez votre arrêt de sa part par hommage à sa justice qui veut punir sur vous les péchés de tout le monde. Ainsi vous n'avez pas envers Dieu la disposition particulière d'un homme coupable, puisque vous ne l'êtes point, mais vous avez toutes celles que devroient avoir les pécheurs de tous les siècles, redevables à la justice divine ; vous avez par conséquent celle qui renferme parfaitement toutes nos dispositions particulières, puisque le Père vous livre à la mort pour nous, & que vous tenez devant lui la place de tous les enfans d'Adam, chargés de péchés & de crimes.

PRIERE.

CETTE pensée, ô mon Sauveur ! me fait connoître l'obligation que j'ai de rendre avec vous mes devoirs à Dieu sur l'arrêt de ma mort, mais j'ai besoin de recevoir de votre plénitude la disposition où je dois être pour lui rendre cet hommage & ce juste devoir. M'unissant donc à vous dans l'état d'un criminel qui reçoit la sentence de mort pour nous, je reçois en vous & avec vous de la part de Dieu, qui est aussi mon Juge, la sentence de ma mort. Comme créature, je la reçois par hommage à son être souverain & immortel ; comme pécheur, je la reçois par le desir de satisfaire à sa justice pour mes péchés ; comme Chrétien, je la reçois dans le dessein de vous imiter & d'honorer votre mort par la mienne ; comme séparé du monde par votre grace, pour être plus parfaitement à vous. J'accepte cet arrêt de mort par un desir ardent d'être entièrement dépouillé du vieil homme, pour être tout revêtu du nouveau, & pour porter en vous l'image parfaite de l'homme céleste.

LECTURE POUR LE SOIR.

RÉFLEXIONS

Sur Jesus-Christ attaché a la Croix.

JEsus, Sauveur des hommes, l'heure va venir où après avoir passé par un océan de douleurs & d'humiliations de toutes les fortes, vous devez enfin être attaché à la Croix comme victime de Dieu, pour y sacrifier le reste de votre vie par un holocauste parfait. Mais cette Croix élevée entre le Ciel & la terre est vraiement un Trône où vous devez recevoir les hommages dûs à votre souveraineté; un Tribunal où vous jugez les hommes, & où la miséricorde comme la justice s'exercent sur les pécheurs; une chaire où vous enseignez vos disciples, & d'où vous leur parlez au cœur, en leur apprenant une science qu'aucun Philosophe n'a jamais connue: c'est un lit nuptial où vous enfantez votre Eglise en lui donnant la vie par votre mort: un Autel enfin où vous offrez le vrai & l'unique sacrifice prédit, desiré & attendu depuis plus de quatre mille ans.

Que le Juif aveugle & trop justement endurci, l'envisage pour son malheur comme un instrument de supplice & le gibet honteux d'un criminel; pour moi, divin Sauveur, je
veux

veux la regarder déformais, & je dois la révérer comme le Trône de mon Roi, le Tribunal de mon Juge, la chaire de mon unique Maître, le fein de ma mere, le lieu de
ma naiffance, & l'autel exterieur du vrai
facrifice, dont vous êtes tout enfemble l'Autel intérieur, le Prêtre & la Victime, celui
qui l'offre & celui qui eft facrifié. Vous êtes
tout cela, parce que vous immolez un corps
où toute la plénitude de la Divinité réfide
perfonnellement, & dans lequel votre grand
Apôtre nous apprend que Dieu étoit d'une
manière toute particulière pour fe réconci-
lier le monde par ce facrifice.

Mais je fais, ô fouverain Prêtre! que vous
ne vous offrez pas feul fur cet Autel fanglant,
que vous y offrez avec vous toute votre
Eglife & tous vos membres, & que nous faifons tous partie de cette victime immortelle,
parce que nous ne faifons tous qu'un corps
& qu'un feul Chrift avec vous. Que je m'u-
niffe donc à vous dans cette penfée, & que je
m'y livre tout entier : je n'étois pas alors
préfent quand vous m'offriez fur la Croix,
& je n'y fouffrois pas avec vous ; mais votre
parole m'enfeigne que chacun de vos membres doit être attaché à la Croix pour y
fouffrir en fa manière, & pour y mourir
même en fon tems ; qu'il eft toujours préfent
à Dieu ; qu'il faut par conféquent que tout
Chrétien de fa part, auffi-bien que Saint

Paul, accompliſſe en ſon corps ce qui manque aux ſouffrances du Chriſt, afin que ce ſacrifice ſoit parfait dans les membres comme il eſt parfait dans le chef. C'eſt pour cela, divin Sauveur, que je m'offre & m'abandonne à vous ſur la Croix, pour y être conſacré par cette ſociété ſainte que vous m'avez méritée, & pour y entrer en communion de votre eſprit de ſacrifice, comme de vos ſouffrances mêmes. Accordez - moi donc que cet eſprit ne m'abandonne jamais dans quelque ſituation que je me trouve, mais qu'il me faſſe faire déſormais de toutes les actions de ma vie une oblation volontaire qui ſoit rendue par vous agréable aux yeux de votre Pere.

Ainſi ſoit-il.

POUR LE VENDREDI.

RÉFLEXIONS.

SUR LA PASSION DE JESUS-CHRIST.

*Jésus - Christ conduit au Calvaire en portant
sa Croix,*

IL faut que les Prophéties s'accompliſſent, il eſt tems maintenant que vous ſortiez, fille de Sion, & que vous veniez voir le vrai Salomon avec ſon diadême : il faut tout quitter pour conſidérer ce Monarque, pour adorer votre Roi qui porte ſur ſes épaules le ſceptre de ſa royauté, & qui marche tout courbé ſous le fardeau de ſa Croix pour ſe rendre au Calvaire. Elles le ſuivent en effet en s'attendriſſant ſur ſes maux & en verſant des larmes : mais ce qui doit nous étonner ici, c'eſt de voir à quoi l'Evangile les ré-duit en nous racontant cette hiſtoire : on s'apperçoit bien quand on parcourt ſes cir-conſtances, que tout le monde s'emploie à la Paſſion du Fils de Dieu & à le charger de ſa Croix ; mais on ne trouve preſque perſonne qui verſe des larmes ſur lui & qui paroiſſe ſenſible à ſes douleurs. Les grands du ſiècle, le Gouverneur de la Judée, les Magiſtrats des Juifs, le Pontife & les Prêtres, les Scribes

& les Docteurs de la Loi, les soldats & le peuple, un Apôtre même infidèle, un traître parmi les douze, enfin les Juifs & les Gentils, tous ont travaillé, tous ont contribué à lui mettre cette pesante Croix sur le dos; & on ne voit qu'un petit nombre de femmes entre le peuple qui pleurent sur lui & qui se frappent la poitrine à la vûe de l'immensité de ses douleurs. Que veut dire cela? sinon que Jésus-Christ choisit toujours ce qu'il y a de plus foible pour confondre ce qu'il y a de plus fort sur la terre; que tandis que tout le monde le crucifie encore aujourd'hui & jusqu'à la fin des siècles, il s'en trouve très peu qui s'appliquent à méditer sa Passion & ce qui en est la cause; que les hommes vivent dans un tel oubli de ses mystères, qu'il n'y a que quelques ames dans le monde & quelques autres cachées dans la retraite, qui s'occupent sérieusement à l'adorer dans cet état, à verser des larmes sur lui & encore plus sur elles-mêmes? en rappellant ces effrayantes paroles qui furent dites aux Filles de Jérusalem : Si l'on traite ainsi le bois verd, que sera-ce du bois sec? si celui qui est l'innocence & la sainteté même porte un Jugement si sévère, que ne doit point attendre un criminel, un perfide, un ingrat, & que ne devons-nous point faire pour arrêter les flots de la colère de Dieu, qui sont peut-être à la veille de fondre sur nos têtes ?

Il eſt donc vrai, ô mon Sauveur, que preſque tous ſans penſer à eux mêmes, ne ſon-
gent aujourd'hui qu'à vous accabler ſous
l'inſtrument de votre ſupplice, & ne travaillent qu'à charger vos innocentes épaules
d'une peſante Croix: ou plûtôt c'eſt vous
même qui vous en chargez avec joie, & qui
la recevez aujourd'hui non comme de la part
des Gentils qui vous y ont condamné, car
toutes vos penſées ſont toujours au-deſſus
des penſées communes des hommes, & votre
eſprit toujours élevé à Dieu, mais vous la
recevez des mains de votre Pére qui vous la
donne par un effet de ſon amour & de ſa miſéricorde envers nous: vous la recevez en
vous élevant à lui tout embraſé d'amour, &
vous renouvellez alors toutes les affections &
toutes les ſaintes diſpoſitions de votre ame
divine. Que n'a pas produit votre exemple
dans l'eſprit de tous vos vrais diſciples: dans
celui qui, pour récompenſe de vous avoir
ſervi le premier, eut le bonheur d'être attaché au bois en vous imitant de ſi près, & qui
ne partage, comme votre aîné, votre prin-
cipal héritage ſur la terre, qu'en recevant
une plus grande part à votre Croix! Je lis
dans l'hiſtoire de ſon martyre, quels étoient
ſes ſentimens pour celle qu'on lui préparoit:
j'apprens pour mon inſtruction, qu'il alloit à
elle avec un amour ſi fervent, que la voyant
ſeulement de loin, il ne put s'empêcher de

la faluer avec tendreſſe, & s'écria dans le tranſport de ſa joie : Je vous ſalue, ô Croix aimable & précieuſe ; vous êtes l'objet de toutes mes penſées, & c'eſt vous ſeule que je deſire avec ardeur depuis ſi long-tems. Mais comme il n'y a, ô mon Sauveur, aucun bon mouvement dans vos Saints, qui n'ait été en vous dans un dégré éminent, puiſqu'ils ont tout reçu de votre plénitude, avec quelle ferveur dois-je croire que vous reçûtes cette Croix ſur vos épaules ? Depuis le premier moment de votre vie humaine, vous n'avez fait que languir après elle ; vous vous en étiez entretenu avec vos Apôtres, & vous leur aviez témoigné le plus grand empreſſement que le temps où vous deviez en être chargé arrivât.

PRIERE.

QUE ce ſoit donc, ô Jeſus, l'effet particulier qu'elle produiſe en moi, en vous voyant la porter aujourd'hui juſques ſur le Calvaire ; que j'apprenne de vous déſormais à regarder dans votre eſprit les croix qui m'arrivent, & toutes les afflictions dans leſquelles je pourrai tomber durant cette vie ; faites qu'en les conſidérant comme ordonné de Dieu ſur moi par ſon amour, je les accepte auſſi & les porte avec ſon amour, qu'en baiſant avec joie la main dont elles me viennent, je reçoive humblement & avec action de gracé tout ce qu'elle me donne, & que vous voyant alors en esprit courbé sous la pesante Croix dont on vous charge, je me présente à vous pour être chargé de celle qu'il vous plaira m'imposer.

REFLEXIONS

SUR LA PASSION DE JESUS-CHRIST.

Abandonnement & parole de Jésus-Christ sur la Croix.

APRÈS que Jesus-Christ, crucifié sur le Calvaire entre deux voleurs, eut essuyé avec une patience invincible les insultes & les blasphêmes de ceux qui étoient présens ou qui passoient par-là, l'Evangile, pour nous rendre encore plus attentifs à ce grand spectacle de la Religion, & pour annoncer un évènement sans exemple, par un autre qui n'en avoit point eu depuis la création du monde, remarque que tout à coup le soleil se cache, & qu'en se retirant, pour ainsi dire, au milieu de sa course, il ne laissa, contre toute attente, qu'une sombre nuit sur la face de la terre; ténébres bien singulières dans leurs circonstances, mais qui, d'un côté, nous représentent parfaitement celles qui sont répandues dans le cœur des Juifs qui ont crucifié leur Maître? comme dans celui des pécheurs qui le cru-

cifient encore tous les jours; & nous aver-
tiſſent, d'autre part, que ceux qui n'ont pas
les yeux de la foi, ne méritent point de voir
plus long-tems un objet dont ils ne ſont pas
dignes. C'eſt pendant ces ténébres extraordinaires que le Sauveur commence à n'avoir
plus de commerce avec les hommes, & que
ne recevant d'eux que de l'affliction & des
ſouffrances, il s'éleve à Dieu pour ſe plaindre de ce qu'il l'abandonne dans cette extré-
mité: *Deus meus, quare me dereliquiſti.* Tous les
Pères remarquent qu'il lui adreſſe ces paroles
non préciſément comme à ſon Père, mais
comme à ſon Dieu, puiſqu'il ſemble qu'il
n'en eſt plus traité que comme un eſclave
conſumé par le feu de la colere divine, &
en qui la ſainteté même pourſuit infatiga-
blement le péché dont il eſt chargé juſqu'à
ce que ſon immolation & ſa mort aient entièrement ſatisfait à ſa juſtice.

Cet abandonnement n'eſt pas ſeulement
extérieur, & pour le livrer ſans reſſource à la
fureur des hommes, mais il porte encore un
délaiſſement intérieur, qui lui fait ſentir tout
ce que peut produire dans l'ame la plus éclairée la connoiſſance parfaite de l'oppoſition &
de la haine de Dieu envers le péché; & autant
que cette connoiſſance parfaite ſurpaſſoit
dans Jéſus-Chriſt celle des Anges & des
hommes, & que ſon amour pour Dieu ſurpaſſoit le leur, autant auſſi reſſentoit-il plus

vivement toute la confusion intérieure, toute l'affliction du cœur, l'humiliation & l'horreur que la vûe du péché & de l'offense de Dieu peut exprimer dans une ame. Dieu emploie même sa toute-puissante main pour faire dans son cœur cette impression inconcevable ; & comme s'il vouloit suppléer à l'impuissance des bourreaux qui ne peuvent porter leurs mains cruelles que sur son corps, il appesantit la sienne sur son ame sainte pour la faire souffrir d'une manière que nous ne sommes pas dignes de concevoir. Voilà ce qui lui fait ouvrir la bouche pour se plaindre de lui à lui-même ; ce qu'il n'avoit point encore fait, quand les hommes seuls l'ont tourmenté. Néanmoins en l'abandonnant de cette manière à cause du péché, il l'unit à lui d'une autre beaucoup plus intime, plus sainte, plus divine, & propre à une vraie victime, qui ne souffre, qui n'est détruite, qui ne perd son être & sa vie que pour les trouver plus saintement en Dieu.

C'est dans cet état de désolation intérieure où le chef a été réduit pour consoler & fortifier ses membres, c'est dans ce délaissement incompréhensible, qu'après avoir éprouvé une soif extrème, & demandé un soulagement qui lui est encore refusé, il prononce cette parole remarquable, qui annonce tout-à-la foi la plénitude & la fin de son sacrifice : Tout est consommé, *Consummatum est.*

S v

Tout ce que les Ecritures avoient prédit de lui est accompli, & il ne faut pas s'étonner si pour montrer sa puissance absolue, il ne descend pas de la Croix, lorsque les Juifs l'en sollicitent ; il n'y est que pour accomplir les Ecritures, & pour y exécuter les ordres de son Pere ; il y est monté par obéissance, il quitte la vie & la reprend quand il veut, mais il ne veut ni la quitter ni la reprendre que suivant la volonté de celui à qui il s'est entièrement soumis, pour nous apprendre que nous ne sommes jamais plus dignes de notre liberté, que lorsque par la grace nous n'en usons que pour dépendre de Dieu, & pour faire de sa Loi l'unique règle de toute notre vie.

PRIERE.

OUI, Sauveur des hommes, tout est consommé, la rage & la fureur des bourreaux sur votre personne, vos travaux, vos souffrances & vos humiliations, la mission que vous avez reçue de votre Père, l'iniquité des Juifs, la colère de Dieu contre les pécheurs, votre charité pour vos élûs, l'œuvre de notre rédemption, les figures & les prophèties ; vous avez tout accompli, & nous n'avons peut être encore rien fait ; vous avez obéi jusqu'à la mort, & nous n'avons encore rien enduré ; tout est consommé de votre part, & vous n'avez plus rien à souffrir pour notre falut, mais nous avons encore tout à faire, & nous ne pouvons rien faire fans vous. Le grain de froment eft mort, il ne refte plus que le fruit qu'il doit produire; & ce fruit eft la bonne vie de ceux qui reconnoiffent que vous êtes mort pour les racheter. Tout eft confommé, Seigneur, cette parole eft grande, & c'eft comme fi vous difiez, j'ai employé toute ma vie à l'œuvre que Dieu m'avoit donné à faire, & mes membres doivent apprendre par l'exemple de leur chef, à ne vivre que pour faire la volonté de Dieu fur la terre. Donnez-moi donc par votre grace de l'accomplir en m'appliquant à l'œuvre particulière que vous m'avez donnée à faire; achevez en moi, ô mon Sauveur, l'ouvrage de ma fanctification que votre miféricorde a commencé, afin que je puiffe dire à l'heure de ma mort, que tout eft confommé felon vos deffeins; afin que vous me confommiez vous même un jour dans l'unité divine, felon la parole que vous en donnâtes hier à vos Apôtres, après leur avoir donné le Sacrement de l'unité & de la confommation chrétienne.

LECTURE POUR LE SOIR.

RÉFLEXIONS

Sur la Mort de Jesus-Christ.

ENfin l'heure est venue, & ce sacrifice que la nature attendoit depuis quatre mille ans comme l'unique reméde à ses maux, que toute la Loi de Moïse a figurée depuis tant de siécles, & que tous les Prophêtes ont prédit, ce sacrifice unique, seul digne de Dieu, seul efficace & capable d'expier mes crimes, s'accomplit par Jesus-Christ sur la Croix. Il y meurt, & en y mourant il répare le désordre que le péché avoit fait dans le monde, il rend à Dieu son Père l'honneur que l'homme lui avoit ravi, il lui paie par son sang la rançon des pécheurs, il nous arrache à la puissance des ténébres pour nous faire passer dans son Royaume, il devient lui-même notre paix en faisant mourir dans sa chair tous les sujets d'inimitié & de haine, & en purifiant par son sang tout ce qui est dans le Ciel & tout ce qui est sur la terre; en un mot, il y fait mourir le péché & au prix de cette vie si digne, si sainte, si divine, qu'il veut bien sacrifier à la colère de Dieu son Père, il nous achete son amour, & le droit à la vie éternelle dont le péché nous avoit dépouillés; c'est à quoi aboutissent tous ses desseins & le fruit qu'il prétend tirer de son sacrifice.

Faites donc, s'il vous plaît, Seigneur, que ce soit le desir dominant de mon cœur & l'objet continuel de mon application, de combattre en moi par votre grace le péché, & toutes les inclinations qui m'y portent; d'avoir toute ma vie une haine irréconciliable pour ce que je dois regarder comme le meurtrier de mon Père & de mon Dieu; de le punir dans mon corps par les mortifications de la pénitence; dans mon esprit, par la pratique des humiliations; & dans mon cœur, par l'amertume d'une douleur sincère. Que je le déteste & le haïsse mortellement, non par des considérations humaines & intéressées, mais parce que Dieu votre Père a pour lui une haine si incompréhensible, qu'il l'a poursuivi jusques dans votre personne sacrée, & qu'il a déchargé sur votre tête tous les traits redoutables de sa justice contre son énormité : parce que vous le haïssez souverainement vous-même, ô mon Sauveur, & que vous avez mieux aimé mourir effectivement sur une Croix, que de laisser vivre & règner, le péché dans le monde. Qu'il cesse donc d'y vivre & d'y règner, qu'il meure & qu'il périsse pour jamais dans mon cœur, & que ce soit là, ô Jesus, le fruit de votre mort adorable, & l'effet éternel de votre sang.

POUR LE SAMEDI.

REFLEXIONS

Sur la Sépulture de Jesus-Christ.

Comme c'étoit le jour de la préparation du Sab-
bat, & que le Séplucre étoit proche, ils y
mirent Jésus. S. Jean. chap. 18.

Il étoit tems, il étoit bien juste que le Sauveur, après avoir consommé par sa mort sur la Croix la carriere immense de ses souffrances, fût mis dans un lieu de repos, & qu'on lui rendît les derniers honneurs que mérite le Corps du Sauveur d'Israël. Comme ce corps est à Dieu d'une manière singulière par le Sacrifice, c'est à lui de pourvoir par une providence particulière à tout ce qui est nécessaire pour sa sépulture. C'est lui aussi qui inspire à un homme noble d'Arimathie, nommé Joseph, la force & le courage d'aller demander à Pilate ce précieux trésor. Il le demande, il l'obtient, & il l'enleve à la vûe de tous ses ennemis avec le secours d'un autre homme fidèle, nommé Nicodême. Ces deux difciples, fi timides pendant les miracles de Jéfus-Chrift, & fi courageux dans le tems de fa grande humiliation, font bien voir que fa mort a déjà puiffamment opéré dans leur cœur ; car pendant que fes Apôtres font cachés par la crainte des Juifs, ceux-ci ont foin d'embaumer fon corps, de l'envelopper dans des linceuls précieux, de le mettre dans un fépulcre tout neuf, taillé dans le roc. de rouler une groffe pierre pour en fermer l'entrée, & de fe retirer enfuite. On ne fauroit lire avec une joie trop refpectueufe le récit des Évangéliftes, & on doit s'occuper de tout ce détail d'autant plus volontiers, qu'il prépare à la croyance d'un grand Myftère, & qu'on y voit paroître fingulierement l'amour d'un Père envers fon fils. Car il ne fe contente pas de protéger fon facré Corps, & de lui faire rendre l'honneur de la fépulture, mais il difpofe déja toutes chofes pour faire éclater fa gloire & pour établir la foi de fa réfurrection. Elle fera rendue d'autant plus croyable aux plus incrédules, qu'il paroît par toutes ces circonftances, qu'il étoit impoffible à fes difcipels de le tirer de ce fépulcre par aucun artifice. Ses ennemis mêmes contribuerent, fans le favoir, à fortifier cette foi, en pofant un corps de - garde au sépulcre ; & en faisant sceller la pierre par l'autorité du Gouverneur

C'est ainsi, Prêtres impies & Pharisiens hypocrites, que vous persécutez le juste jusques dans le tombeau, & que vous le traitez de séducteur : c'est ainsi que vous endurcissez vos cœurs à tant de prodiges qui viennent d'accompagner sa mort, & qui vous devoient persuader, que si c'étoit de votre part un meurtre & un déïcide, c'étoit du côté de cet agneau innocent un sacrifice volontaire & infiniment agréable à Dieu. Mais ce que vous pensez faire contre lui ne tournera qu'à votre confusion, & ne servira qu'à vous condamner vous mêmes. Dieu qui régle tout ici par son infinie sagesse, fait servir votre malice à la gloire de son Fils ; & tandis que vous cherchez à éteindre jusqu'à son nom dans la poussiere, votre rage sert, malgré vous, à l'établissement de son Eglise.

Mais je détourne aujourd'hui mes yeux de ces misérables pour m'appliquer uniquement à vous, mon Sauveur & mon Dieu, & pour vous rendre mes devoirs à l'exemple de vos deux fidèles & courageux disciples. Heureux si je puis apprendre de ces deux illustres Confesseurs à ne point rougir de votre nom ni de votre vérité, quelques efforts que fasse le monde pour la crucifier, pour la faire mourir, & l'ensevelir avec vous ! Je m'unis aussi à ces Saints pour vous adorer dans le tombeau, je vous y adore comme vrai Dieu: j'y adore votre Corps tout mort qu'il est, comme le Temple de la Divinité qui ne l'a point abandonné; je l'adore dans cette privation de mouvement, de sentiment & de vie, comme la source de la vie du cœur, du sentiment de la foi, du mouvement de la vigueur de l'ame & de la force de la grace? mais sur-tout comme le principe & de la mort & de la vie chrétienne. Car personne ne peut véritablement mourir au péché ni vivre à Dieu; s'il n'est baptisé en votre mort & enseveli avec vous par le Baptême, afin que comme vous êtes ressuscité d'entre les morts pour la gloire de votre Pere, il marche aussi désormais dans une vie nouvelle.

P R I E R E.

FAITES-moi donc par votre mort mourir entierement au péché, ô mon Sauveur! & opérez en moi par une mortification continuelle de mes passions & de mes inclinations corrompues, ce qui s'est passé mystérieusement en moi par le Baptême; mais ne crucifiez pas seulement, & ne faites pas seulement mourir en moi le vieil homme? ensevelissez moi encore avec vous dans votre tombeau, en me cachant au monde, en me

féparant de ceux qui fuivent fes maximes
ou même en m'enfeveliffant dans une fainte
retraite où je puiffe méditer, honorer & imiter votre mort pour me préparer à la mienne;
afin qu'après avoir été lavé dans votre fang,
rendu conforme à votre mort & enfeveli avec
vous, je vive éternellement en vous par la
vertu de votre réfurrection.

RÉFLEXIONS

Sur la Sepulture de Jesus-Christ.

Jofeph d'Arimathie demanda le Corps de Jéfus,
& après qu'il l'eut reçû, Nicodême vint auffi
portant environ cent livres de mixtion de
myrrhe & d'aloës. Matth. chap. 26.

ARRETONS-nous encore aujourd'hui quelques momens au tombeau du Sauveur
en attendant d'y voir éclater demain le grand
prodige que Dieu y prépare. On voit d'abord
dans les paroles que nous venons de lire, la
puiffance admirable de la mort de Jefus-
Chrift, qui donne le courage de le confeffer
publiquement dans fa plus grande humiliation, à deux perfonnes qui ne le connoiffoient qu'en fecret pendant qu'il faifoit tant
de merveilles. Saint Jean remarque, en
effet, la timidité de Jofeph & de Nico-

dême, quoique remplis de foi, pour nous faire admirer ce changement de la droite du Très-haut, & pour faire rendre gloire à ses opérations toutes divines. Dieu différe quelquefois de guérir les foiblesses de ses serviteurs, afin que leur guérison & la puissance de sa grace éclatent davantage dans une occasion importante & singuliere qui doit arriver. C'est aussi la raison qui doit nous empêcher de les blâmer durement & avec insulte, en espérant que Dieu daignera les fortifier en son tems, & les rendre peut-être même un des plus grands objets de l'édification publique. Les deux disciples dont il s'agit ici en font un bel exemple : ils n'osoient se déclarer pour leur Maître dans le tems même où il y avoit moins à risquer pour eux ; ils n'alloient à lui qu'en secret durant la nuit, & avec tout les ménagemens que peut inspirer le respect humain : mais aujourd'hui que l'envie de ses ennemis semble avoir triomphé de lui, & enseveli dans l'oubli ses miracles avec sa vie, quel changement dans ces hommes timides ! Joseph vient hardiment demander le Corps de Jesus & l'emporte devant tout le monde : Nicodême se joint à lui & n'épargne rien pour rendre avec honneur les derniers devoirs à ce Corps adorable dont ils font les dépositaires. C'est l'effet de leur foi sincère dans les mérites du Sauveur ; c'est en eux le fruit tout récent de de la mort qu'il vient de subir sur la Croix,

& fi nous favions l'adorer dans les mêmes difpofitions, nous y recevrions comme eux la force de ne point rougir de lui ni de fes humiliations. Avouons cependant que ces deux difciples font bien récompenfés de leur courage & de leur fidélité en recevant dans leurs mains ce précieux dépôt, le don de la Victime de Dieu, le Tréfor de l'Eglife, le germe facré d'où doit naître le falut du monde, & le myftérieux grain de froment qui renferme le Royaume de Dieu. Que la fageffe de Dieu eft admirable dans les mefures qu'elle prend ici fans que cela paroiffe, pour avoir des témoins des myftères de fon Fils, & pour aller au-devant de ceux qui les devoient nier ! On s'expofe rarement pour Dieu à de grands périls fans en être payé fur le champ, au moins par la confolation d'avoir fait fon devoir, & de s'être affûré en quelque façon la poffeffion de Jéfus pour toujours. Que n'auroit pas fuggéré la crainte & la prudence humaine à ces deux difciples, s'ils avoient voulu les confulter dans ces circonftances critiques, & de quels biens ne fe feroient-ils pas privés eux-mêmes ? Il n'y avoit, ce femble, pour eux que cette conjonĉture : il n'y a auffi quelquefois dans la vie que certaines occafions marquées où Dieu veut nous employer, tandis qu'on veut fe réferver pour d'autres où il ne veut point de nous : par-là auffi on perd la grace des premiers & on mérite d'en être privé dans les autres.

Tout est plein d'instructions pour moi, Seigneur, & quels motifs n'ai-je pas d'en profiter! Il paroît bien que votre mort n'a rien diminué de votre souveraine puissance; il semble même que vos humiliations ont encore plus d'attraits que vos miracles : bien loin de scandaliser vos Disciples, elles donnent du courage aux plus timides d'entr'eux. Persuadés déjà de la vérité de votre doctrine, ils n'avoient osé en faire profession durant votre vie, ils ne s'étoient attachés à vous qu'en secret, mais vous les avez si fortement attirés à vous étant sur la Croix qu'ils se déclarent hautement Disciples du Crucifié, & s'en font honneur. Faites-nous éprouver comme à eux, divin Maître, la vertu toute-puissante de votre Croix : ne permettez pas que nous rougissions plus long-temps de vous appartenir, ni que nous demeurions dans un lâche silence, quand nous vous verrons offensé : donnez-nous le courage de ne rien épargner pour tirer votre corps adorable des mains de vos ennemis, c'est-à-dire pour empêcher qu'on ne vous outrage, ni dans votre Personne ni dans vos Mystères, ni dans votre Evangile, & pour procurer par tout, autant qu'il sera en nous, l'honneur qui vous est dû. Du reste, Seigneur, si le sort de ces deux fidèles Disciples nous paroît si digne d'envie, & si, en recevant votre sacré Corps pour lui rendre après sa mort les derniers devoirs, ils reçurent véritablement un don inestimable ; quel est donc celui que nous recevons nous-mêmes, quand vous daignez nous le donner dans l'Euchariftie ? ce Corps animé, glorieux, plein de force & de puiſſance, eſt en état de nous appliquer tous ſes mérites. Notre bonheur ſeroit, ſans doute, bien plus grand que celui de Joſeph & de Nicodême, ſi pleins comme eux de zèle & d'ardeur, nous y apportions autant de ſaintes préparations, & ſi on voyoit en nous un ſaint empreſſement à honorer votre mort par une vie digne de celui qui a donné la ſienne pour nous.

P R I E R E.

QUE ce ſoit donc là, ô mon Sauveur, le fruit particulier de mes conſidérations, je vous le demande ; la ſeule vûe de la grande ſolemnité où nous entrons, me porte aujourd'hui à vous le demander avec un renouvellement de ferveur. Donnez moi d'imiter en tout ce qui me regarde, l'exemple de ces illuſtres confeſſeurs que votre Evangile vient de me propoſer : donnez-moi de ne jamais m'approcher de votre Table ſacrée, pour y recevoir le même Corps qu'ils ont eu le bonheur de porter entre leurs bras, qu'après avoir embaumé mon corps & mon ame

des parfums d'une charité sincère, d'une pénitence véritable, & des sentimens d'une vie
chrétienne : que je respecte toujours jusqu'à
l'intégrité de ce sepulchre neuf, où vous leur
inspirâtes de vous mettre après votre mort;
& qu'en y voyant l'image naïve du sein vir-
ginal, où vous avez voulu être conçu, j'y
apprenne sans cesse quel doit être le cœur
d'un Chrétien, qui veut vous recevoir dignement.

SEMAINE
DE PASQUES.

RÉFLEXIONS POUR LE DIMANCHE,
DE L'EVANGILE.

Il est ressuscité, il n'est plus ici. S. Luc.
chap. 24.

LE Sauveur étant ressuscité pour notre
justification, selon la parole de l'Apôtre, nous a fait souvent remarquer que sa
Résurrection étoit tout-à-la-fois le modèle
le plus parfait & le motif le plus puissant de
celle d'une ame à la véritable vie de la grace.
Occupons-nous donc un moment de ces deux
vérités, après avoir rendu en esprit tous nos
hommages à ce divin Sauveur, après avoir

applaudi à sa victoire & nous être écrié avec tous les Saints, que * *l'Agneau qui a été immolé pour nous est digne de recevoir puissance, divinité, sagesse, force, honneur, gloire & bénédiction*; puisqu'il vient de triompher si pleinement de la mort & de l'enfer en se ressuscitant par sa propre vertu. Heureux si nous sommes trouvés dignes de ressentir tout la joie que la nouvelle de ce triomphe inspire aux ames fidèles, & si nous y participons autant qu'il convient à des Chrétiens qui font profession de la croire ! Mille fois heureux si la foi vive de ce grand Mystère produit dans nos cœurs des fruits de justice, & nous fait remplir tout le dessein que l'Eglise se propose, lorsqu'elle l'annonce avec tant de pompe à ses enfans ! Ce qu'elle attend de nous dans ce saint jour, nous le savons, c'est de nous voir reprendre une vie nouvelle en ressuscitant à la grace, comme Jésus-Christ est ressuscité à la gloire; & pour cela il faut, selon la doctrine de Saint Paul, mourir au péché, mortifier & vaincre nos passions, renoncer à la vie animale & sensuelle des enfans d'Adam, & nous bien souvenir, avant toute chose, que comme le Sauveur n'est entré dans sa vie glorieuse, qu'après être réellement mort à la vie naturelle, nous ne devons prétendre à celle de la grace & de l'esprit, qu'après être morts à celle des sens & des passions : ce n'est pas

* *Apoc. 5, 22.*

encore

encore affez, il s'agit après être mort de cette manière, de marcher dans une vie nouvelle, & nous bien affurer d'un changement réel dans nos fentimens comme dans notre conduite : enforte que, *fi nous avons porté l'image de l'homme terreftre, nous portions à préfent celle de l'homme célefte.* Qu'on ne s'y trompe pas : la réfurrection eft la vie de l'homme nouveau : cet homme nouveau n'eft pas une idée en l'air, il a fon cœur, fon efprit, fes yeux, fes oreilles, fes mains & fes pieds : & tout cela ne doit être en lui ni oifif, ni fujet au changement, comme on fe l'imagine trop fouvent. La Pâque vraiment chrétienne, dit faint Bernard *, eft tellement un paffage, qu'elle n'eft pas un retour : en forte que pour la célébrer dignement, il eft néceffaire de paffer fi bien, qu'on ne reprenne plus la première voie qu'on a quittée. C'eft pour cela que Jefus-Chrift étant forti du tombeau n'y eft jamais rentré, ajoûte l'Apôtre ; & qu'ayant paffé d'un état mortel à une vie immortelle, il n'a jamais répris les infirmités de la première : c'eft une vérité dont le myftère de ce grand jour doit d'abord nous bien convaincre.

Mais ce myftère même, qui eft le parfait modèle d'une vie nouvelle en devient pour nous le plus grand motif ; pourquoi ? c'eft que c'eft ici le point fondamental de la Reli-

* *Serm. de S. Malach.*

gion chrétienne, qui nous annonce à tous une deſtinée éternelle en bien ou en mal, ſelon que nous aurons vécu; parce que Jeſus-Chriſt qui, comme dit l'Apôtre, eſt le premier entre les morts, étant reſſuſcité avec la chair qu'il a priſe de nous, il s'enſuit néceſſairement que nous reſſuſciterons auſſi un jour avec la nôtre; ainſi la certitude de ſa réſurrection eſt une preuve certaine de celle de tous les hommes. Or quel motif plus preſſant, ſoit pour engager un pécheur à rentrer ſans délai dans les routes d'une nouvelle vie, quoiqu'il lui en coute, ſoit pour animer, pour ſoutenir & pour conſoler une ame juſte, ſur tout ce qui peut lui en couter, pour perſéverer dans cette vie nouvelle? Il n'en faut pas davantage, ſans doute pour l'un & pour l'autre; & en parlant ici à tous les deux avec ſaint Chryſoſtome, on peut bien dire d'abord au premier : O vous qui avez le malheur d'être encore dans la mort du péché, réveillez-vous, regardez aujourd'hui Jeſus-Chriſt ſortant du tombeau ; & à la vue de ce grand myſtère, dites-vous ces paroles ſi énergiques & prophétiques d'un ſaint Patriarche, *Scio quod Rédemptor meus vivit :* Oui je ſçai que mon Rédempteur eſt vivant *, qu'il eſt vraiment reſſuſcité comme le premier né d'entre les morts : que dans ce corps mortel dont je ſuis maintenant revêtu, je reſſuſciterai moi-même au dernier jour pour

* *Job. 12.*

paroître devant luî ; qu'alors & sans retour
s'accomplira tout ce que son Evangile dit du
juste & du pécheur, & qu'enfin ce Dieu vivant
devenu mon Juge, décidera de ma destinée
pour toute l'éternité. Je fais profession de le
croire, j'en suis convaincu comme d'une vérité infaillible ; mais je crois également que
l'intervalle qui me prépare à ce grand dénoue-
ment, est tout-à la fois très-court & très-in-
certain pour moi, & que dans peu cette chair
fragile sera jettée au fond d'un tombeau pour
y attendre dans le silence d'une profonde nuit
cette résurrection subite où chacun sera publiquement jugé selon ses œuvres ; qu'il n'y
a plus par conséquent à balancer ; qu'il est
temps de se rendre, de marcher dans le jour
& de profiter de la dernière heure où la grace
daigne encore m'appeller. Mais le juste qui
a déja reçu & gouté les saintes prémices de
cette grace, doit dire aussi les paroles de ce
grand Patriarche qui voyoit déja si clairement
le mystère dont il étoit la figure ; *Scio*, oui
je crois. Je suis convaincu que le même dont
la charité excessive à voulu opérer ma rédemption par sa mort, est sorti par sa puissance tout glorieux du tombeau pour ne plus
mourir. Je sçais que je ressusciterai de la terre
au dernier jour, que je serai encore revêtu de
cette peau, que je verrai mon Dieu dans
ma chair, que je le verrai, dis-je, moi-même,
& non un autre, & que je le contemplerai
T ij

de mes propres yeux : c'eſt là l'eſpérance que
j'ai, & qui repoſera toujours dans mon cœur.

PRIERE.

MAIS je ne dois pas Seigneur, regarder
ſeulement votre réſurrection glorieuſe
comme un de ces événemens que vous voulez que je croie pour exercer ma foi : non,
ſans doute ; vous l'avez encore plus deſtinée
à ma juſtification, & vous voulez que je fixe
déſormais tous mes regards ſur cette vie que
vous reprenez dans le tombeau, comme ſur
le vrai modèle, la baſe & l'unique fondement
de mon ſalut. Vie efficace, vie féconde, elle
ſe communique à vos véritables enfans, en
leur appliquant vos mérites, & les rend vraiment vivans devant vous : tous les dons, toutes les graces, tous les avantages découlent
de celle-ci comme de leur ſource. Vie ſpiri-
tuelle, vie nouvelle qui abſorbe en vous tout
ce qu'il y avoit de paſſible, de foible, de
mortel, & qui, en vous laiſſant la ſubſtance
de notre nature, en change toutes les qualités. Quel modéle & quelle leçon pour moi,
ô mon ſauveur, faites-la-moi bien comprendre, & que je ne m'abuſe jamais ſur ce point
capital. Tout eſt en vous déſormais dégagé
des ſens ; tout eſt glorieux, céleſte & divin :
tout, par proportion, doit être changé en
moi : ſi je ſuis vraiment réſſuſcité avec vous,

Je dois comme vous demeurer le même fans être le même; & je deviens indigne de ma vocation, fi au lieu de chercher à l'avenir le lieu où vous habitez, & de gouter les chofes d'en haut, je demeure encore citoyen du monde & enfant de la terre par le poids d'une nature corrompue. Enfin vie aimable, vie précieufe & infiniment confolante pour moi, elle eft le fceau, le gage affuré de vos promeffes comme de vos oracles; & quelque grands que foient les objets que votre Religion me préfente, il n'eft rien de fi grand dont votre réfurrection ne donne à un Chrétien l'efpérance la plus ferme, comme la certitude la plus complette. C'eft cette efpérance qui a confolé jufqu'ici tous les Juftes, ranimé tous les pécheurs dans leur retour, & fouvent tous les Saints qui ont marché fur vos traces : c'eft elle auffi, je le protefte, qui me fera déformais remplir tous mes devoirs, qui reveillera ma langueur, qui adoucira toutes mes peines, & qui repofera dans mon fein jufqu'au jour de votre avénement. Puiffiez-vous, Seigneur, la changer alors en jouiffance, en me faifant mériter, par votre grace, l'immortalité que vous me faites efpérer par votre réfurrection!

DE L'EVANGILE.

Il se fit un grand tremblement de terre.
S. Matth. ch. 28.

LA résurrection de Jesus-Christ est l'image de la conversion du pécheur. L'une & l'autre est annoncée par un grand tremblement. Aux premiers retours que l'ame fait sur ses péchés, elle est saisie d'horreur, elle rougit de honte, elle est frappée de la terreur des jugemens du Seigneur ; & comment ne tremblerions-nous pas alors, cendre & poussiere que nous sommes ? Est-il rien de si terrible, que de tomber entre les mains d'un Dieu vivant, quand on a mérité sa disgrace ? Peut-on se représenter ses bontés oubliées, ses graces rejettées, ses loix violées, son nom deshonoré, ses promesses & ses menaces méprisées, sans être effrayé de ses redoutables vengeances ? Sans ces frayeurs, penseroit-on jamais, dans ces commencemens, à ne le plus offenser ? Où il n'y a point de crainte de Dieu, il n'y a point de changement de vie. Il arrive très rarement, ou plutôt il n'arrive jamais, dit Saint Augustin, qu'un homme se fasse Chrétien, sans avoir été frappé de quelque crainte. Ce n'est de même que par les alarmes secrettes de la conscience, que par la vue de la fin des méchans, ou par quelques autres

terreurs, que l'homme est rappellé de ses éga-
remens, & follicité de rentrer dans les voies
droites. Heureux ceux qui se livrent à ces
mouvemens salutaires, & qui commencent
à faire, par la crainte de la peine, ce qu'ils
ne feroient pas encore par l'amour de la juftice! Car il n'arrive que trop que le vice a
déja perdu tous ses charmes, sans que la vertu
paroisse encore assez aimable. Le monde n'offre plus que des amertumes; mais on ne sent
point encore combien le Seigneur est doux :
on est effrayé sans être touché, désabusé sans
être converti.

L'état du péché, en effet, ne laisse jamais
jouir d'une paix inaltérable ; souvent le char-
me du plaisir se rompt; l'illusion que la paffion causoit se dissipe, la vérité paroît ; le
crime se présente à l'esprit avec toutes ses
noirceurs ; les remords se réveillent; la confcience est accablée par ses reproches; le pécheur s'allarme, il se trouble, il s'agite, il
se déplaît à lui même, & tout lui déplaît ?
le passé le tourmente; l'avenir le désespère ;
il voudroit faire des efforts, & sa foiblesse le
décourage ; il sent ses maux, & il craint les
remédes ; il voudroit secouer son misérable
joug, il craint sa liberté; il flotte dans ses
irrésolutions; il dispute avec lui même; il
combat ses propres desirs; il voit le danger
d'une conversion différée, il frémit pourtant
à la pensée du changement, & il regréte ce

qu'il voudroit avoir quitté. La terre eſt donc agitée ; mais cette agitation n'eſt pas toujours ſuivie de la réſurrection. Les principes de la vie nouvelle ſont trop foibles : ce ſont des enfans qui viennent juſqu'à leur dernier moment, & qu'on ne met pas au monde. Toute la vie de bien des gens , parmi ceux mêmes qui ne ſont pas dans de grands déréglemens , ſe conſume pourtant dans ces émotions inefficaces qui ceſſent & qui recommencent ; qui promettent la converſion , mais qui ne la conſomment point : leur mal ne vient pas de craindre le Seigneur , c'eſt de ne le pas conjurer aſſez de vaincre leur réſiſtance ; c'eſt de ne le craindre pas aſſez , pour en venir juſqu'à l'aimer par l'habitude de le ſervir.

P R I E R E.

EBRANLEZ-donc de nouveau la terre de mon cœur, ô mon Dieu ; je ſens qu'il en a beſoin, que depuis trop long-tems vos vérités y ſont émouſſées par l'abus qu'il en fait, & par la familiarité qu'il a contractée avec une tiédeur mortelle. Faites-le trembler par la vue des châtimens que vous préparez à ceux qui vous ſont rébelles. Que vos menaces ſoient comme un tonnerre qui me réveille, il ne m'en faut pas moins ; que vos vérités brillent aux yeux de mon ame à la faveur de vos éclairs : que votre crainte enfin devienne pour moi le commencement de la vraie sagesse : que je sache me plier, me contraindre, quoi qu'il m'en coute, & réduire mes penchans à mes devoirs. Mais afin que je les remplisse, Seigneur, d'une manière digne de vous, en véritable enfant, & non pas en esclave, donnez moi vous-même ce que vous me commandez ; faites par la douceur victorieuse de votre grace, que vos saintes Loix me plaisent encore plus que ce qui m'empêche de les accomplir parfaitement ; & que la piété commencée par la crainte, s'achéve enfin par l'amour.

POUR LE LUNDI.

DE L'ÉPITRE.

*Comme des enfans qui ne font que de naître, de-
firez un lait spirituel.* S. Pierre I. ch. 2.

PERSONNE n'inſtruit les enfans à defirer &
à chercher du lait; c'eſt par un inſtinct
& par un mouvement purement naturel,
qu'ils ſucent cette première nourriture qui
les ſoutient & qui les fait croître. Voilà
l'image de l'avidité qu'on doit avoir pour les
vérité; de l'Evangile, quand on a commencé
de les connoître; c'eſt le lait des enfans de
Dieu; c'eſt-à-dire, de ceux qui ſont deſtinés
à ſon Royaume : il faut qu'ils ſe vuident de
toute la corruption d'Adam; qu'ils ſe regardent pour le ſalut comme de nouvelles créatures, & comme des enfans qui ne font que de
naître : leur premier penchant & comme leur
inſtinct, c'eſt de ſe nourrir du lait des maximes pures; & c'eſt par ce gout qu'on les diſ-
cerne & qu'ils ſe font connoître. Sommes nous
de ce nombre, & en voit-on beaucoup d'une
telle eſpèce parmi ceux mêmes qui ont été élevés dans le ſein du Chriſtianiſme? Que chacun, ſans diſtinction d'âge, de condition,
d'emploi & de qualité, s'examine ſur cette

image naturelle qui exprime tout, & qu'il voie fi les traits de reſſemblance forment véritablement ſon caractere. La choſe eſt clairement décidée par le Saint - Eſprit : Celui qui eſt de Dieu & qui lui appartient, entend, lit & médite avec plaiſir la parole de Dieu : ſans le ſoin journalier de la recevoir, de s'en occuper, d'y conformer ſes idées & ſes ſentimens, il ne peut ſe ſoutenir dans la vie d'un enfant de Dieu, ni parvenir à la maturité de l'âge parfait. La nature ſeule nous inſtruit ici, & tout enfant qui ne montre ni faim, ni empreſſement, ni ardeur pour le lait dont il doit ſe nourrir, fait bien-tôt déſeſpérer de ſon accroiſſement & de ſa vie même.

Que deviennent en effet tant de perſonnes (& en parlant d'elles, nous devons juger à proportion de nous-mêmes) que deviennent communément ceux qui manquent de cette ardeur d'inſtinct, de cet empreſſement pour la doctrine évangélique? Les premiers élémens qu'en leur en a donnés, s'évanouiſſent de leur eſprit, les penchans du vieil homme les ramenent bien-tôt à l'amour des créatures, aux amuſemens, aux inutilités : ils ſe rempliſſent de penſées vaines, de connoiſſances inutiles, de réflexions dangereuſes : la diſſipation leur fait oublier leurs devoirs ; ils en viennent juſqu'à les ignorer dans leurs principes : ils n'entendent rien dans le myſtère du ſalut ; Jeſus-Chriſt leur paroît une énigme

T vj

dans fon langage, & avec biens des talens qui femblent d'ailleurs les diftinguer, la morale chrétienne eft pour eux une fcience inconnue. Ce font des enfans qu'il faut comme faire naître de nouveau pour l'Evangile du Sauveur; heureux encore s'ils étoient affez dociles aux premières inftructions! Mais il eft rare que cette docilité d'efprit & de cœur fi néceffaire revienne à ceux qui ont trop long-temps négligé la fcience du falut.

La mort furprend pour l'ordinaire l'indifférent dans fon dégoût: l'enfance n'a qu'un court efpace d'années, & c'eft celui où les goûts fe forment. On s'accoutume difficilement, quand on eft avancé, aux nourritures dont on n'a pas ufé dans le premier âge; le palais ne s'y fait point; l'eftomach même a peine à le digérer; le tempérament eft trop formé pour ne pas fouffrir de ce changement. Après avoir paffé fa vie dans les illufions des chofes fenfibles, les préjugés font trop forts pour céder aifément à de nouvelles manières de penfer; & une des grandes difficultés de réformer les mœurs vient de celle de réformer les idées.

PRIERE.

JE connois trop, Seigneur, les traits qui me conviennent dans tout ceci, par l'usage que j'ai fait jusqu'à présent de l'Evangile du salut. Hélas ! peut-être après bien des années ai-je encore besoin de revenir à cette heureuse enfance que votre Apôtre nous propose pour commencer à vous appartenir : mais dans quelqu'âge que je me trouve, il faut toujours & il est temps pour moi de commencer. Donnez moi donc, Seigneur, pour vos vérités saintes cet empressement que les enfans ont pour leur premier aliment : que je m'accoutume plus que jamais à me nourrir de votre parole, & de la lecture de vos Livres saints, afin qu'en perdant tout autre goût, elle forme seule mon goût naturel & dominant ; qu'elle devienne seule la source de mes délices ; que j'y puise incessamment les règles d'une vie sainte ; & qu'ennemi de tout ce qui ressent la corruption du vieil homme que j'ai trop long-tems nourri, je ne me plaise désormais qu'à ce qui peut former en moi le nouveau : que je sorte ainsi de jour en jour de l'enfance ; que je croisse dans la justice, & que j'arrive, selon votre commandement, à l'âge parfait où je dois me trouver, pour entrer en possession de l'héritage que vous me destinez.

DE L'EVANGILE.

*Il est ressuscité, il n'est plus ici, voilà le lieu où
on l'avoit mis. S. Marc. ch. 16.*

ON avoit raison de publier que Jesus-
Christ étoit ressuscité, puisqu'il n'étoit
plus dans son tombeau, sans qu'on pût convaincre qui que ce fût de l'avoir enlevé. La
preuve n'étoit point équivoque, & les yeux
ne pouvoient pas s'y méprendre. Il n'en est
pas de même de la résurrection de l'ame : sa
mort consiste dans l'amour des créatures pour
elles mêmes & dans ce repos d'affection, qui
lui fait trouver son bonheur dans leur jouissance : son tombeau, ce sont ses attachemens
dérèglés & ses mauvaises habitudes : elle n'en
sort que par le changement de cœur : mais
ce changement qui ne peut se manifester que
par celui des œuvres, ne se confond que trop
souvent avec des apparences trompeuses.
L'approche des solemnités, ou quelqu'autre
occasion semblable, fait faire communément
quelque réforme dans la conduite : le temps
qui précéde certains jours, est regardé en gé-
néral comme un temps de salut : l'Eglise ordonne des exercices de pénitence : les instructions & les prières publiques sont plus
fréquentes : les cérémonies de la Religion
paroissent plus propres à toucher : le moment

d'un devoir plus marqué arrive, il faut pour le remplir, s'assujettir à une espèce de trève: on fait violence à son penchant ; on se contraint par bienséance de Religion ; on paroît plus réservé dans ses paroles, plus modeste dans son extérieur, moins occupé peut-être de ses cupidités & de ses plaisirs.

Mais qu'est-ce que toute cette apparence ? Un feu couvert de cendre qui va se rallumer au premier souffle. Qu'on mette, en effet, ces fantômes de pénitens à quelque épreuve ; & au lieu de la résurrection de leur ame, on ne trouvera que celle de leur péché. Le passé nous instruit là dessus pour le présent : on donne chaque année les mêmes dehors à la conversion : mais la pénitence ne va point jusqu'à enlever le cœur à ses attaches. Que chacun en juge par celles qui lui restent, & qu'il s'applique tout ceci dans ce qui le regarde. On a des velléités, on sent de foibles desirs, on en reprend en certain temps quelque espèce de sentiment de vie : mais, si on y prend bien garde, le mort est toujours où il étoit ; il n'a point cessé d'aimer ce qu'il aimoit ; son inclination le raméne à ses premiers goûts, & il donne bien-tôt dans les mêmes écarts. Il est vrai que la conversion solide ne nous met pas à couvert des tentations, mais elle les soutient : on ne passe pas du mal au bien & du bien au mal avec tant de facilité. Les vicissitudes de vie & de mort dans un Chrétien, ne font que de fauffes apparences ; nos attachemens ne fe forment & ne fe détruifent pas dans un inftant : l'amour de la juftice qui fait le fond de la converfion, doit être auffi fort au moins dans notre cœur, que les paffions qu'il en bannit. Hier, on étoit pécheur ; on le fera demain peut-être, & aujourd'hui on feroit vraiment converti ? Non, tout cela n'eft qu'une converfion de coutume & de repréfentation, en attendant la converfion férieufe & veritable.

PRIERE.

O DIEU, qu'eft-ce donc aujourd'hui que votre Religion fur la terre, & quel perfonnage y fais-je moi-même depuis tant d'années ? Les uns font femblant de vous donner quelques momens en certains jours, pour paffer impunément le refte dans l'oubli de votre culte, & dans la prévarication de vos Loix : les autres fe font un état de juftice partagée, où les réferves tombent toujours fur ce qu'ils devroient vous facrifier le plus abfolument. Eft-ce donc là le pacte que vous avez fait avec les Chrétiens ? Non, Seigneur, l'illufion eft ici trop groffière, je ne veux point oublier que mon premier engagement fut de mourir pour toujours au péché, & de mener une vie nouvelle : faites donc que mon ame forte enfin de fon tombeau ; qu'elle y laiffe fes dé-

pouilles, ſon ſuaire, ſon ancienne corruption
pour ne plus la reprendre, & que par un vrai
changement de cœur & d'affection, on puiſſe
enfin dire de moi, comme de Jeſus-Chriſt
mon Maître, que je ne ſuis plus où j'étois autrefois.

POUR LE MARDI.

DE L'EPITRE.

Si vous êtes reſſuſcités avec Jeſus-Chriſt, recher-
chez & goûtez ce qui eſt dans le Ciel.
S. Paul, Coloſſ. chap. 3.

NE vivre que pour le monde préſent,
c'eſt dans le langage exact de l'Ecriture, une véritable mort ; on ne ſent rien
alors de tout ce qu'une ame immortelle doit
ſentir. Son premier penchant, ſi on connoît
bien ſa nature & ſa deſtinée, doit la porter
vers ce qui ſera toujours, puiſqu'elle-même
ne doit point ceſſer d'être : ſe borner à ce qui
ne ſera plus dans un moment, c'eſt ſe condamner à n'être plus ſoi-même. Recommencer
donc de tendre aux biens à venir, c'eſt revenir de la mort à la vie ; mais dans un autre ſens,
l'état d'un homme ainſi reſſuſcité ne ſauroit
mieux ſe comparer qu'à celui d'un homme
mort. Il ne voit, il n'entend, il ne ſent rien

de tout ce qui fe paffe autour de lui, le monde eft pour lui comme s'il n'étoit pas, fon détachement de ce qui doit périr produit en lui réellement toute l'indifférence d'un homme qui paffe; & toutes fes penfées le portent vers ces biens qu'il ne voit pas, mais qu'il efpère & qu'il cherche : il paroît fur la terre, mais il eft dans le Ciel par fes affections; c'eft proprement là qu'il fubfifte & qu'il vit, & s'il agit encore ici-bas, c'eft moins par attrait & par goût, que par une efpèce d'effort de la raifon.

Ainfi, fujet comme les autres aux befoins du corps, foumis aux loix de la fociété, il fe donne tous les foins néceffaires; il remplit tous les devoirs de la juftice & de l'amitié; il eft tout ce qu'il doit être à l'égard des autres hommes, felon les divers engagemens qui le lient avec eux: il eft Prêtre, Pere de famille; Citoyen, Magiftrat, Juge, Artifan, Marchand, Laboureur, homme d'affaires ou de lettres, parce qu'il faut être quelque chofe : il vit, en un mot, parce qu'il faut vivre; mais il n'en fait ni fon affaire ni fon plaifir. Ce qui l'occupe, ce qui le touche, c'eft cet avenir bien heureux qu'il attend: il ufe de ce qu'il poffède pour la vie préfente; mais il goute d'avance, & il jouit en quelque forte de fes dernieres efpérances : il travaille à s'en rendre digne, & ce travail lui plaît parce qu'il en connoît le prix; les obligations particulières de son état, les exercices de la piété, les œuvres de la pénitence, & les combats de la vertu, ce sont-là ses plaisirs, parce qu'ils le menent droit au but ; & son intérêt le plus pressant dans ce monde, est d'en sortir bien-tôt. Voilà ce que c'est que d'être Chrétien : c'est n'avoir dans le fond, de vie, d'esprit & de cœur que pour le Ciel : c'est avoit perdu le sentiment pour les richesses, pour les honneurs, & pour les délices qui font les empressemens de l'homme charnel : c'est travailler du moins sérieusement & constamment à faire mourir en soi les désirs de ces objets que l'Apôtre appelle les membres de l'homme terrestre ; c'est s'en interdire du moins tous les usages déréglés ou non nécessaires. Ne nous formons pas d'autres idées, & ne nous faisons pas illusion. On n'appartient à Jesus-Christ comme son vrai disciple, on ne lui ressemble, on ne ressuscite avec lui qu'à proportion qu'on se dégage des liens qui nous attachent à cette vie mortelle, qu'à proportion qu'on tourne ses mouvemens vers cette vie cachée en Dieu dont il vit maintenant. Nous la partagerons un jour avec lui dans toute sa plénitude, si nous la goûtons dès à présent, & si nous faisons notre premier soin de la rechercher.

PRIERE.

QUE j'aimerois, Seigneur, à pouvoir me rendre ce témoignage ! Mais que j'en suis encore éloigné par ma faute, & pour mon malheur ! Plus j'approfondis mon cœur, plus j'y découvre de vivacité pour les choses de la terre, & de langueur pour celles du Ciel. Celui-ci est pour moi une région étrangère & inconnue ; celle-là est ma patrie, & je suis tout de feu pour les biens qu'elle me montre ou qu'elle me promet : ce sont uniquement ses objets qui me touchent, qui me remuent dans l'occasion, qui m'animent par attrait aux plus vives recherches ; & je me sens tout de glace pour les saintes espérances du Chrétien : je ne trouve point en moi les principes de cette vie nouvelle, qui fait les vrais imitateurs de Jesus-Christ. J'en ai reçu le Sacrement, & je n'en ai point l'esprit ; mais il me semble du moins que je l'estime encore, que je l'envie dans les autres, que je le desire, & que je ne serai content de moi, que quand je commencerai d'en vivre. Accordez-le moi donc, Seigneur, & en me refusant, s'il le faut, tout le reste, ne me laissez que le goût des biens invisibles ; mais qu'il soit réel & dominant en moi, ô mon Dieu ! que mon cœur ne devienne désormais sensible qu'à ces biens ineffables, & qu'ils l'occupent tout entier dans le tems, afin qu'ils le remplissent tout entier dans l'éternité.

DE L'ÉVANGILE.

Notre cœur n'étoit - il pas tout brûlant au-dedans de nous tandis qu'il nous parloit ?
S. Luc chap 24.

IL y a des dispositions secrettes dont nous ignorons les raisons ; certains sentimens qui s'excitent en nous, comme sans nous-mêmes, des mouvemens de tristesse & de joie dont nous ne sommes pas maîtres : ce sont des impressions de la Vérité qui préviennent en nous les réflexions, des saillies d'une ame naturellement chrétienne. Il arrive quelquefois que la nature se déclare, & nous fait reconnoître notre sang dans des personnes qui nous sont d'ailleurs inconnues, on ne sait pourquoi ; mais on les aime, on s'intéresse pour elles, on se plaît à les voir, à les entendre parler, on s'émeut à leur seule présence. Il en est de même de notre ame à l'égard de Dieu : nous sommes sa race, &, nous ne saurions démentir notre origine ; nous sentons notre dépendance de celui qui nous a faits ; nous connoissons son existence, nous n'ignorons pas ses perfections ; nous reclamons sa bonté, nous craignons sa justice & ses châtimens, sans autre instruction que celle de la nature. Ces sentimens ne nous viennent ni des préjugés de l'éducation, ni des lectures. L'ame est avant les livres ; elle est par-tout la même, malgré la plus profonde ignorance. L'impie lui même qui voudroit douter de Dieu, n'affecte tant d'incrédulité que pour calmer ses frayeurs. Felix ne peut entendre parler Saint Paul du jugement sans en frémir, quoiqu'il ne le croie pas. Les deux disciples de l'Evangile ne reconnoissent pas Jesus-Christ : le feu que ses paroles allumoient dans leur cœur n'etoit que le feu de la présence & des vérités qu'il leur révéloit : ils sentoient & ne réfléchissoient point.

Ainsi, avec des opinions toutes contraires, on éprouve les mêmes émotions ; & ce sera la condamnation de l'incrédule, de combat-tre une Religion dont il trouve en lui même des preuves. S'il croit que tout meurt en lui, pourquoi craint il, malgré lui, ce qui doit suivre la mort ? S'il est si persuadé qu'il n'y ait point de Dieu, pourquoi prononce-t-il son nom dans les douleurs & dans les dangers ? Ce ne sont que des façons de parler, disent les esprits forts : mais si ces façons de parler n'expriment aucune idée, comment se sont-elles introduites dans le langage humain, qui n'est que l'expression de nos idées communes ; Comment celui qui s'en est servi le premier a t-il pû se faire entendre & les faire recevoir ? Par quelle convention sont-elles devenues communes à toutes les nations les plus oppofées dans leur manière de vivre & de penfer?

P R I E R E.

NON, mon Dieu, votre nom ne s'eft pas introduit fans vous dans le monde : c'eft vous mêmes qui vous êtes fait fentir à la nature qui eft votre ouvrage, & qui lui avez appris à exprimer ce qu'elle fentoit. Envain l'impiété s'évanouit-elle dans fes folles & vaines penfées, envain cherche-t-elle à fe perfuader que c'eft la crainte feule qui a fait les Dieux. Il refte à lui demander qui a fait la crainte? Et qui eft ce, fi ce n'eft vous, arbitre fouverain de nos deftinées, vous qui produifez dans les ames ces mouvemens indélibérés qui vous font craindre à ceux mêmes qui femblent ne vous pas connoître? Ah! faites donc, mon Dieu, que la mienne foit fidèle à fervir celui qu'elle ne peut s'empêcher de révérer : faites que toujours attentif à ces témoignages fecrets qui m'apprennent ce que vous êtes, je n'oublie jamais ce que je vous dois; mais qu'étant tout rempli comme je fuis, de vous & de votre être, je fois inviolablement à vous dans tous les inftans de ma vie.

POUR LE MERCREDI.

DE L'EPITRE.

Purifiez-vous du vieux levain. S. Paul, 1. Ep.
aux Corinth. chap. 5

L'INNOCENCE des premiers Chrétiens ne
leur permettoit pas de souffrir dans leurs
assemblées un homme dont les mœurs dés-
honoroient l'Evangile. Ils demeuroient avec
les Payens, & les toléroient par la nécessité
des servitudes humaines : la Religion ne les
obligeoit pas à se réleguer sur les montagnes
& dans les forêts, ni a s'exiler de la vie commune ; il eût fallu pour se séparer de tous les
méchans qu'ils sortissent du monde. Mais
qu'un d'entr'eux qu'ils nommoient leur frère,
fût reconnu pour un impudique, pour un
avare, pour un ivrogne, pour un ravisseur du
bien d'autrui, dès lors il cessoit d'être regardé
comme un Chrétien. La prière commune &
tout saint commerce lui étoit interdit ; & selon
Saint Paul, il n'étoit plus même permis de
manger avec lui. Il y avoit dans cette disci-
pline une double raison de sagesse : on espé-
roit que l'humiliation rameneroit le coupable, on le punissoit pour le sauver ; mais jusqu'à ce qu'il eût donné dès preuves d'un changement

gement sincère, l'intérêt de la société chrétienne demandoit qu'il en fût banni; c'étoit un mauvais levain dont il falloit la purifier. Heureux temps où le vice étoit plus rare que la vertu ne l'est aujourd'hui parmi nous! Où fuïr? Où se cacher pour éviter ceux qui ne sont pas Chrétiens? La séparation n'est plus possible, mais les précautions n'en sont que plus nécessaires, parce que le danger est toujours le même, & qu'il s'est multiplié. Qu'on ne s'y trompe point, dit l'Apôtre, le commerce des paroles & des entretiens influe efficacement dans les mœurs: un seul homme dépravé peut corrompre toute une multitude; rien de si contagieux que les passions; on les gagne sans le savoir, & presque sans le vouloir. De même, un seul homme habituellement relâché dans sa conduite, & peu fidèle à ses engagemens peut porter la défection dans une société. Nous nous formons sur les autres par une impression comme insensible, & quelque bonne volonté qu'on ait d'ailleurs, l'exemple affoiblit nos répugnances, & dissipe nos scrupules.

Que faire encore une fois? Il semble qu'il faudroit vivre avec certains Chrétiens comme les Chrétiens d'autrefois vivoient avec les infidèles; n'avoir de liaisons avec eux que celles que la nature & les besoins ont rendues nécessaires; retrancher toutes les relations libres dès qu'on les croit dangereuses. Il n'y a point de bienséance qui ne doive céder à la loi de fuïr ce qui peut nuire. Ceux qui se trouvent renfermés dans les Villes où régne la contagion, ne sortent point de leurs maisons, ils fuyent avec soin le commerce des malades & de ceux qui les approchent : ce n'est plus le tems des visites, des amusemens & des parties de plaisir ; on évite jusqu'à ses amis les plus chers, jusqu'à ses parens les plus proches. Combien plus devons nous fuïr ceux qui peuvent porter la contagion du vice dans notre ame. Il n'y a que la charité qui puisse ou qui doive engager à se mettre au-dessus de la loi qu'on s'est faite de ne les point voir ; mais c'est charité quelquefois d'apprendre, en évitant un commerce familier avec certaines personnes, qu'on les désaprouve ou qu'on les craint. Il y a des froideurs sages & sans indifférence ; des conduites qui, sans être affectées, se bornent à ne point autoriser ceux qui violent leurs devoirs. Après tout, il vaudroit mieux leur déplaire par quelque défaut d'égards, que de les entretenir dans le mal par un excès de complaisance. Mais quand on ne les fuit que par religion, la charité retrouve toujours assez d'occasions de suppléer à ce qui paroît manquer à certains ménagemens,

P R I E R E.

DONNEZ-môi, Seigneur, ce juste dif-cernement qui fait diftinguer quand il faut ménager les pécheurs, & quand il faut les fuïr : que je me défie toujours de ma foi-bleffe, que je n'aille point me perdre avec les autres, pour m'être crû follement à l'épreuve des impreffions de leur exemple ; & que fi mes réferves leur font voir quelquefois que je les crains, ma charité leur apprenne dans l'occa-fion que je ne hais en eux que le péché. Mais faites fur-tout, ô mon Dieu, que je ne fois pas moi-même un mauvais levain pour ceux avec qui je fuis obligé de vivre ; que la contagion de mon exemple ne les porte ou ne les au-torife jamais à violer leurs engagemens ; que je redoute le malheur d'être devenu par quel-qu'endroit une odeur de mort pour mes freres, & que déjà trop chargé devant vous de mes propres fautes, je ne me rende point compta-ble à votre terrible Tribunal de celles des autres.

DE L'EVANGILE.

Pourquoi vous troublez-vous, & d'où vient que tant de penfées s'elevent dans vos cœurs?
S. Luc. chap. 24.

UNE des queftions les plus intéreffantes pour nous, ce feroit d'approfondir la fource de nos foibleffes. Nous diftinguerions ce qui feroit une fuite de notre défaillance naturelle d'avec ce qui viendroit de notre négligence; & la caufe du mal une fois connue, nous conduiroit à la connoiffance des remédes. Il eft étrange, par exemple, combien la raifon de l'homme eft facile à troubler : une furprife, un mouvement de crainte & de joie confond toutes nos penfées, nous ne voyons plus les objets qui frappent nos fens, & nous croyons voir ce qui n'eft pas, & ce qui ne fut jamais vifible. Jéfus-Chrift eft devant fes difciples, il les affure que c'eft lui même, il leur montre fes mains & fes pieds, il leur permet de le toucher pour fe convaincre qu'il a de la chair & des os, & qu'il n'eft point un efprit : mais à toutes ces preuves de fa préfence, ils ne fe rendent pas encore, ou plûtôt, ils ne font pas encore capables d'y réfléchir. L'étonnement fufpend toute les fonctions de leur ame : ils admirent ce qu'ils voient & ne le croient pas; il en eft à peu près de même de toutes les émotions que les passions nous causent : la lumiere vient en-vain s'offrir à nous ; nous ne jugeons alors que selon ce que nous sentons ; & de-là naissent en nous une infinité de préventions fausses & dangereuses, des doutes déraisonnables, des entêtemens à combattre, l'évidence même, du mépris ou des aversions pour les objets dont le premier aspect nous a déplû, des ré-pugnances à nous soumettre aux vérités les plus intéressantes & les mieux établies, de l'é-loignement pour des personnes estimables, du penchant à penser mal des meilleures appa-rences, de l'indocilité pour des conseils sages, mais sévères ou mortifians.

Pour prévenir donc tous ces maux, qui ne sont pas légers, & qui influent dans presque toutes les circonstances de notre vie, il fau-droit travailler de bonne heure à posséder son ame, apprendre à se rendre si maître de ses mouvemens, qu'on ne donne jamais dans des excès de joie, de tristesse, de crainte, de colère, d'impatience : mais quels sont les moyens d'y réussir ? La Religion seule est la véritable école qui les enseigne : étudier avec soin dans ses principes la valeur des objets qui se présentent, pour n'en être frappé que selon la mesure du solide intérêt que nous y devons prendre ; alors rien ne nous surprend ; nous prenons les évènemens dans leur source & pour ce qu'ils sont en effet ; nous y sommes comme préparés , quelqu'imprévûs qu'ils foient : nous jugeons fainement de tout parce que nous en jugeons par lumière & non par impreffion : nous doutons quand il faut douter, nóus croyons quand il faut croire, nous accordons ou nous refufons avec difcernement , nous répondons avec prudence, nous nous nous rendons avec docilité à ce que nous devons, nous ne confidérons ni les perfonnes ni les manières, nous faifons ce qui nous paroît jufte, & nous confultons moins ce qui nous plaît que ce qui eft vraiment utile.

PRIERE.

QUELLE fainte philofophie, Seigneur! vous feul en êtes le maître & pouvez m'y faire entrer. Donnez-moi donc de voir les chofes des mêmes yeux que vous les voyez; donnez-moi cette tranquillité d'ame qui feule mérite de connoître & fuivre la vraie fageffe, afin que docile aux vérités qu'elle me découvre, je fache en pefer les preuves & en recevoir les témoignages : que trop d'émotion ou de fenfibilité ne mette jamais le trouble dans mes penfées pour me jetter dans les doutes ou dans l'infidélité; que j'agiffe en tout par une raifon épurée, que je rende juftice aux autres , que je me la rende à moi-même; que je prenne chaque chofe pour ce qu'elle eft, & que je fois en chaque occafion ce que je dois être, toujours prêt à

me conduire avec des vûes pures & fur des maximes folides. J'ai befoin pour cela, mon
Dieu, de cette double grace, qui fe rend
maîtreffe de l'efprit & du cœur, & qui dirige
l'un & l'autre felon vos vûes. Je vous demande donc l'un & l'autre, afin que j'agiffe
en tout d'une manière digne de vous.

POUR LE JEUDI.

DE L'ÉPITRE.

Je fais bien que vous avez agi par ignorance,
auffi-bien que vos Sénateurs. Actes
des Apôtres. chap. 3.

JÉSUS-Chrift avoit dit lui-même de ceux
qui l'attachoient à la Croix: *Pardonnez-*
leur, mon Pere, ils ne favent ce qu'ils font.
Saint Paul ajoute qu'ils ne l'euffent jamais
crucifié s'ils l'euffent connu. Comment accorder ces aveux avec les preuves qu'il leur
avoit données tant de fois de ce qu'il étoit?
Les Pharifiens & les Princes des Prêtres ne
pouvoient nier fes miracles; il connoiffoient
fon innocence, fa fincèrité, fon défintéreffement; ils favoient qu'il enfeignoit la voie de
Dieu dans la vérité; il leur avoua qu'il étoit
le Chrift lorfqu'ils le lui demanderent. Où
étoit donc leur ignorance? Ils avoient des lumières fans doute; mais l'intérêt & la jalou-

sie les aveugloient. Les passions ne sont jamais sans quelques ténébres, & à le bien prendre, il est toujours vrai que le pécheur ne sait ce qu'il fait, quelqu'instruit qu'il soit d'ailleurs ; c'est un furieux qui se jette dans le précipice sans en appercevoir le danger; c'est un insensé qui se livre à la douceur présente du péché sans en considérer les funestes suites. On connoît alors le mal qu'on fait, mais on n'y pense pas, & la violence des desirs fait oublier l'injustice de ce qu'on veut. Souvent on ne reconnoît bien ses fautes que quand on les a faites. Adam n'ouvre les yeux qu'après sa désobéissance : le mal ne nous paroît tout ce qu'il est, que quand nous l'avons commis. Ce sont des agitations secrettes, c'est la honte & la crainte qui nous avertissent que nous sommes coupables ; souvent aussi c'est la paresse ou la vanité qui fait négliger de s'instruire du bien qu'on devroit faire & qu'on ne fait pas.

Mais quoi qu'il en soit, de quelque nature que soit l'ignorance, & de quelque source qu'elle vienne, jamais on n'est excusable d'ignorer ce qu'on a dû & pû savoir; jamais excusable de n'y pas penser quand il est question d'agir; & ce qu'on doit savoir au moins, & qu'on doit rappeller dans les occasions, c'est ce qui appartient au salut; c'est l'obligation d'honorer son Dieu par une vie digne de lui: c'est sur cela qu'il ne servira de rien de dire : Je n'y penſois pas , je ne ſavois pas. Si de tels péchés d'ignorance n'étoient point imputés , Jéſus-Chriſt n'auroit pas prié ſon Pere de les pardonner à ceux qui le cruci-fioient : les juſtes ne prieroient pas tous les jours pour leurs propres ignorances. Il y a des ténèbres déplorables qui nous cachent à nous-mêmes ce que nous ſommes & ce que nous pouvons ; qui nous expoſent à préſumer de notre juſtice & de nos forces ; & celles-là nous obligent à gémir, à nous humilier, à veiller ſur nous-mêmes, à ſolliciter ſans ceſſe de nouvelles lumières. Mais il y a des ténèbres coupables ou dans la négligence préſente , ou dans les dérèglemens paſſés dont elles ſont les peines ; & combien de péchés ne ſont-ils pas les triſtes fruits de cette double ignorance ? Que de devoirs faciles à ſavoir & toujours violés ſans être connus ? Que de fautes que nous ne connoiſſons que des avis ou des re-proches étrangers ! Que d'infidélités ſecrettes qui ne ſont apperçûes que de celui qui voit le fond des cœurs ! Que de prévarications ſur leſquelles nous nous aveuglons à la fin, pour n'en avoir pas voulu confeſſer l'injuſtice ! Tout cela pourtant ſe réſerve dans les tréſors de la colère du Seigneur, & n'évitera pas un jour ſes juſtes châtimens.

P R I E R E.

QUE fera-ce, ô mon Dieu ! de ces ignorances affectées, de ces craintes d'être trop éclairé fur certains devoirs, de cette étrange efpèce de bonne foi dans laquelle on fe flatte de vivre, en ne voulant pas favoir le bien pour ne pas le pratiquer ! Que de mécomptes terribles pour la plûpart ! Que d'aveugles volontaires démafqués & confondus dans ce jour de lumière, où les ténèbres de la nuit feront diffipées par l'éclat de votre vérité ! C'eft alors qu'on verra fans nuage tout l'outrage que l'on fait à vos dons, & l'abus de cette intelligence que vous nous avez donnée pour difcerner les voies de la juftice, en féparant le bien du mal. Hélas, Seigneur ! il ne m'arrive que trop, malgré tous mes foins, de croire que je vous plais, ou que je ne vous déplais pas, & pourtant de me tromper. La vie de l'homme le plus jufte n'eft pas exempte de ces méprifes, & d'où me viendroit la préfomption de me croire plus éclairé ? Oubliez donc, s'il vous plaît, mon Dieu, oubliez toutes mes ignorances ; j'aime mieux vous les confeffer pour en obtenir le pardon, que de vous irriter doublement par de vaines excufes. Mais préfervez-moi feulement de toute négligence à chercher la vérité pour connoître l'étendue de mes obligations,

& de la crainte de la trouver, pour me croire
difpenfé de les remplir.

DE L'EVANGILE.

Simon - Pierre ayant entendu que c'étoit le
Seigneur, fe jetta dans la mer.
S. Jean. chap. 21.

CET empreffement de Saint Pierre à fe
jetter dans la mer, eft l'image du zèle
animé par l'amour. Il n'exige plus comme
autrefois, que Jéfus l'affûre que c'eft lui-
même, & qu'il lui commande d'aller à lui
fur les eaux; il lui fuffit que Saint Jean lui
faffe penfer que c'eft le Seigneur, il ne délibere
point, il traverfe les flots, & va droit au riva-
ge: toute autre voie paroît trop longue à fon
impatience. Les irréfolutions, les délais, les
lenteurs, quand il s'agit d'entreprendre quelque chofe pour Dieu, font les caractères d'un
cœur qui n'aime point, ou qui n'aime pas encore affez. Alors on craint toujours de fe
rendre trop tôt à de faintes infpirations: on
balance fur tout le bien qui s'offre à faire ;
on ne fait fi Dieu l'exige, on doute s'il l'approuve, & on n'eft pas fâché d'en douter.
L'indifférence & la froideur font fécondes en
prétextes pour fe juftifier : la lâcheté fe couvre du nom de prudence, & trouve de l'indifcrétion dans la ferveur.

Mais quand l'amour eft ardent, il éclaire le zèle, & prévient le commandement : les dangers & les obftacles difparoiffent, ou plûtôt on ne les voit point : dès qu'il s'agit de la gloire & des intérêts du Seigneur, on eft prêt à s'abandonner à toute la fureur des flots du monde, à traverfer les eaux des perfécutions, à fe plonger dans toute l'amertume des afflictions. Tout ce qu'un cœur fervent infpire, on voudroit qu'il fût permis de l'exécuter : on fe reprocheroit de s'être trop écouté pour fe livrer à de pieux excès. Renoncer à tous les plaifirs de la vie, fe priver de toutes les douceurs de la fociété, facrifier fes plus chères habitudes ; rompre les plus tendres liens du fang & de l'amitié, fe condamner à toutes les rigueurs de la pénitence, foutenir des veilles affidues, des travaux redoublés, ce n'eft rien au langage d'une ame, quand le feu de la charité s'y eft allumé. Il y a dans la vie des Saints mille exemples femblables à celui de Saint Pierre ; il leur eft échappé des traits que nous avons peine à ne pas traiter d'indifcrétion, d'imprudence & de témérité. Nous cherchons pour eux des excufes : il eft vrai qu'ils ont fait quelquefois des actions plus admirables qu'imitables, des démarches qui ne peuvent être juftifiées que par le mouvement particulier de l'efprit de la grace : mais fi nous mettions entr'eux & nous le jufte milieu que la fageffe chrétienne doit tenir, nous trouverions qu'il y a moins d'excès dans leur ferveur, qu'il n'y en a dans notre indolence. Ne jugeons point de leur conduite par la nôtre ; il n'y a que l'amour de Dieu qui puiſſe apprendre ce qu'il eſt capable d'inſpirer.

P R I E R E.

IL eſt donc vrai que je ne vous aime gué-res, ô mon Dieu, ou que je ne vous aime peut-être point du tout. Je n'éprouve point ces mouvemens comme indélibérés, qui tranſportent vos Saints ; je ne ſens rien de ces pieuſes ſaillies qui les font ſortir des voies ordinaires ; je ne les comprens pas même, & je ſuis toujours prêt à les condamner, tandis que vous les juſtifiez, & que vous approuvez leurs ſaintes ardeurs. Inſpirez-m'en quelqu'une, Seigneur, afin que je condamne plûtôt mes propres lâchetés ; éclairez mon eſprit en guériſſant mes froideurs, & qu'une heureuſe expérience m'apprenne que comme rien n'eſt difficile, tout paroît permis, quand on vous aime.

POUR LE VENDREDI.

DE L'EPITRE.

Jésus a souffert une fois la mort pour nos péchés, l'innocent pour les coupables. S. Pierre, 1. Ep. chap. 3.

L'APÔTRE Saint Pierre venoit d'exhorter les fidéles à ne se point venger du mal, mais à l'endurer avec patience, s'estimant d'autant plus heureux de souffrir, qu'ils seroient plus innocens. Car Il vaut mieux, dit il, si Dieu le veut ainsi, souffrir en faisant du bien qu'en faisant du mal; & il confirme sa maxime par l'exemple du Sauveur mourant pour des injustes, tout juste qu'il est lui même; comme s'il vouloit dire aux fidèles à qui il écrit : Que craignez-vous de souffrir, après ce que Jésus-Christ a souffert? Il a enduré la mort, non par nécessité comme nous, mais par charité pour nous. Il est mort, non en punition de ses péchés, mais pour l'expiation & l'abolition des nôtres. C'étoit un innocent qui mouroit pour des coupables, un juste pour des injustes : pourquoi refuserions-nous, quand même nous serions innocens, d'endurer quelque chose pour la gloire de

Dieu, pour l'édification de nos frères, pour
notre propre salut?

Mais cette maxime n'eſt point du goût de
la nature : ce qui nous révolte le plus dans
nos mauvais traitemens, c'eſt l'injuſtice que
nous y voyons. Être innocent & malheureux,
ce ſont deux idées que nous ne ſaurions con-
cilier ; & cette révolte n'auroit rien au fond
que de légitime, ſi nous n'étions point de-
venus coupables. Un ſentiment naturel nous
fait penſer qu'on ne doit point ſouffrir ſans
l'avoir mérité : mais depuis que le péché nous
a rendus redevables à la juſtice de Dieu, s'il
veut que nous ſouffrions de la part des créatures, il eſt ſans doute plus à ſouhaiter que
ce ſoit pour le bien que pour le mal, qu'on
nous maltraite. Souffrir pour le mal, c'eſt en
porter la peine, quoiqu'elle devienne d'un
grand prix quand la patience la ſanctifie ;
mais ſouffrir pour le bien, c'eſt changer la
peine même du mal en mérite ; & ſe plaindre
qu'on ſouffre innocent, c'eſt preſque ſouhaiter d'être coupable. On ne ſait donc ce que
l'on dit, quand on s'imagine qu'on auroit de
quoi ſe conſoler, ſi on étoit affligé pour quelque faute ; & à ceux qui tiennent ce langage,
il faudroit répondre comme un ancien à la
perſonne qui ſe plaignoit d'avoir été injuſtement condamné : Aimeriez-vous mieux, lui
dit-il, que ç'eût été juſtement? Ce fut auſſi
la conſolation des Martyrs au milieu des

tourmens les plus affreux. Nous sommes Chrétiens, disoient-ils, & il ne se fait point de mal parmi nous. Le grand sujet de leur gloire & de leur joie, c'étoit de n'être point punis pour d'autres crimes que celui même du nom qu'ils se donnoient. Tous les jours, disoient-ils aux Payens, tous les jours vous avez des criminels à juger, ils s'étouffent dans vos prisons tant elles sont pleines; les mines retentissent des soupirs de ceux que vous y comdamnez. Cependant il n'y a point là de Chrétien, si tout son crime n'est de l'être; ou s'il est coupable de quelqu'autre, dès là même il n'est plus digne du nom de Chrétien.

PRIERE.

QUE votre exemple, divin Sauveur, & celui de vos Saints, m'apprenne donc à réformer mes idées pour changer de sentimens. C'est déjà une de vos graces bien singulière, que de souffrir patiemment pour ses propres péchés comme pénitent; c'en est une autre encore plus grande, de souffrir pour la justice comme Martyr. Il n'appartient qu'à vous, ô Jesus, de souffrir pour les péchés des autres, étant l'innocence même, & c'est la grace propre à l'Homme-Dieu, le Prince des Pénitens & le Chef des Martyrs. Accordez-moi d'abord la première qui est la plus nécessaire & la plus convenable à un pécheur comme moi: mais ne me refufez pas quelque part à la feconde, fi je ne fuis pas digne de la recevoir toute entière, comme les premiers témoins de votre Evangile. Faites que dans les contraditions que j'aurai à éprouver de la part des hommes, le plus ardent de mes fouhaits foit de ne point fouffrir en coupable; que je me réjouiffe de cette épreuve bien loin de m'en affliger: que jamais elle ne me décourage dans le bien que je fuis obligé de faire, & que je regarde comme un bienfait fingulier, que vous l'ayez mis pour moi au prix de quelque violence, afin d'en augmenter le mérite. Alors, Seigneur je vous en bénirai, & je me confolerai de n'avoir un peu plus de peine à vous demeurer fidèle, que pour avoir plus de part à vos récompenfes.

DE L'EVANGILE.

Marie pleuroit auprès du Sépulchre. S. Jean. chap. 20.

LE caractère de cette fainte femme eft un de ceux qu'il ne faut que peindre pour inftruire & pour édifier; il feroit même difficile d'en trouver un plus touchant, & tout parle en elle bien plus au cœur qu'à l'efprit. Son amour pour Jéfus-Chrift fe montre fous toutes les formes qu'on peut fouhaiter, & qu'on n'imagineroit pas même, parce qu'on n'éprouve pas ce qui fe paffe dans fon ame.

Rien n'a pû la féparer de fon Libérateur depuis le premier de fes bienfaits : fa reconnoiffance pour lui s'eft déclarée par mille empreffemens : elle l'a foulagé dans tous les travaux de fon miniftère ; elle l'a fuivi conftamment jufqu'au pied de la Croix, & fa charité s'eft trouvée plus forte que la mort. Ses foins pour ce cher & adorable Maître vont au-delà même de la vie : elle a remarqué le lieu de fon tombeau, elle attend avec impatience le moment d'y retourner ; elle y vole dès que le Sabbat eft paffé. Quel coup pour elle de n'y plus trouver l'objet de fes defirs ! Elle va l'annoncer aux difciples ; elle revient avec eux ; ils s'en retournent, & elle demeure. Incapable de fe confoler de fa perte, elle refte à pleurer auprès de ce tombeau vuide, & femble efpérer contre l'efpérance même. Ses yeux inquiets fe portent par-tout : elle regarde ce qu'elle a déjà vû plus d'une fois inutilement, & ne fe laffe point de chercher celui qu'elle ne peut s'empêcher de regretter. Elle voit deux Anges aux deux bouts du tombeau ; mais elle ne paroît frappée ni de leur préfence, ni de leurs habits, ni de leur figure : elle ne s'inquiéte ni de ce qu'ils font, ni de ce qu'ils font-là, ni d'où ils viennent ; elle ne daigne pas s'en informer, & fe contente de leur répondre fur le fujet de fes larmes.

On a, leur dit-elle, enlevé mon Seigneur, & je ne fais où on l'a mis. Voilà ce qui l'afflige

& ce qui l'occupe uniquement. Les Anges ne l'inftruifent point de ce qu'elle veut favoir : elle tourne ailleurs fes intentions, & voit Jéfus-Chrift qui lui demande auffi pour l'éprouver, d'où vient qu'elle pleure & qui elle cherche. Elle qui le prend pour le Jardinier, croit qu'il doit lire dans fon cœur le nom de celui qu'elle pleure. Si c'eft vous, lui dit-elle, qui l'avez ôté, dites-moi où vous l'avez mis & je l'enleverai. Son amour ne fe défie point de fes forces ; elle croit pouvoir tout ce qu'elle defire ardemment. Jéfus l'appelle par fon nom ; cette voix la frappe ; elle fe retourné à l'inftant, le nomme fon Maître, elle court fe jetter à fes pieds pour les embraffer. Jéfus modére fon ardeur, lui défend de le toucher, & lui commande d'aller annoncer à fes Apôtres ce qu'elle vient de voir & d'entendre ; elle obéit fur le champ, & fait voir qu'elle n'eft pas moins foumife qu'empreffée.

PRIERE.

QUE de traits parlans & lumineux, Seigneur, ne propofez-vous pas à mon imitation dans ce feule modèle, & quelle excufe pourrai-je déformais oppoferà un exemple de ce caractère? J'y vois jufqu'où je dois porter ma gratitude pour vos bontés, avec quelle générofité je dois vous confacrer mes biens, mes travaux & mes foins, avec quelle

conftance je dois vous demeurer attaché,
malgré les contradictions & les perfécutions
du monde; avec quelle perfévérance je dois
vous chercher dans le tems des privations,
jufqu'à ce qu'il vous plaife de me rendre vos
faveurs ; avec quels tranfports je dois les recevoir ; avec quel défintéreffement je dois me
foumettre aux rigueurs dont elles font mé-
lées en cette vie. Faites donc , mon Dieu ,
que je fois fidèle à profiter de toutes ces leçons; & pour rendre en moi cette fidélité
plus parfaite , infpirez-moi l'amour dont elle
eft le fruit : car c'eft l'amour feul qui peut
former des cœurs comme celui dont je viens
d'admirer les démarches.

POUR LE SAMEDI

DE L'EPITRE.

Les habitans de Jérusalem ne comprenant point les paroles des Prophêtes, les ont accomplies. Aux Actes des Apôtres, chap. 13. 27.

RIEN n'est plus digne d'une adoration mêlée de respect & de joie, que les dispositions de la Providence dans les divers événemens de la vie. Rien aussi ne seroit plus digne de nous occuper, si nous avions des yeux plus chrétiens. Nous nous affligeons, nous nous troublons quelquefois, souvent même nous allons jusqu'à nous scandaliser de la conduite de celui qui gouverne le monde; tandis qu'elle nous présente tous les jours un spectacle le plus capable d'exercer & de soutenir notre foi, quand on l'envisage dans son vrai point de vûe. Les volontés de Dieu, toujours saintes, s'exécutent souvent par les mauvaises volontés des hommes. Les prédictions sont accomplies par ceux mêmes qui ne les entendent pas, & la conduite étrange du Conseil des Juifs dont parle ici Saint Paul, en sera jusqu'à la fin des siecles un exemple bien frappant. Arrêtons donc l'impatience de

nos jugemens, & inftruifons-nous. Le pécheur ici bas ne cherche qu'à fecouer le
joug, & malgré lui fon péché fert aux deffeins
du Seigneur. Les méchans déclarés qui mé-
prifent la vertu, qui fe jouent de la juftice,
qui ne connoiffent point d'autres loix que
leurs cupidités ; ces fanglues qui fe nour-
riffent du fang de leurs concitoyens, ces
fourbes audacieux qui s'emparent de l'autorité publique pour ravager les Etats & pour
être les tirans des Rois mêmes ; ces puiffans
fuperbes & aveugles qui regardent le refte
des hommes comme leurs victimes ; ne font
eux-mêmes que les Miniftres des vengeances
de Dieu, qui les laiffe dominer pour expier
les péchés des Peuples. Ces grands & fameux
coupables font des fléaux dont il fe fert pour
punir d'autres coupables, pour exercer les
Saints ou pour couronner leur patience : ils
font pour lui comme les orages & les tem-
pêtes dont l'Ecriture dit qu'il en fait les exécuteurs de fes ordres. Enflés de leur pouvoir
& fiers de leur indépendance, il ne fongent
qu'à vivre au gré de leur défirs ; ils fe regardent comme les arbitres du monde, & fe
croient tout permis, parce que tout leur eft
poffible : mais Dieu fait d'eux tout ce qu'il
veut, tandis qu'il font ce qu'il ne veut pas : il
fouffre leurs paffions & les emploie même
efficacement à l'exécution de fes deffeins.

Mais il met les bornes qu'il lui plaît au

régne injuste des paffions des hommes, &
le tems vient de jetter les verges au feu.
C'eft alors qu'il fait voir qu'il fait tout ramener à fon ordre, & qu'on ne fort de celui de
fes bontés, que pour rentrer dans celui de fa
juftice. On a beau le fuir, on le retrouve toujours ; il nous laiffe faire ; il fe fert de notre
malice, parce qu'il eft fage & puiffant : mais
il la punit enfin, parce qu'il eft jufte. Malheur
donc à ceux qui ne font fes volontés que
par des volontés contraires ! Leur injuftice
retombera toute entiere fur leur tête, &
leur péché n'en fera que plus févèrement
puni par cette puiffance qui fait tirer le bien
du mal même.

P R I E R E.

DIEU terrible autant que vous êtes jufte,
que votre patience eft donc redoutable
au pécheur ! Il amaffe un tréfor de colère
pour le jour où vous rendrez à chacun felon
fes œuvres. Il ne veut fuivre que la volonté
de la chair & de fes défirs, & vous le laiffez
en la main de fon mauvais eonfeil ; mais il
ne ceffe pas d'être fous la vôtre ; il exécute
vos volontés, même en ne le voulant pas, &
fe charge devant vous de l'injuftice de ne le
pas vouloir. Ah ! qu'il eft donc utile, Seigneur, qu'il eft avantageux de ne vouloir
jamais que ce que vous ordonnez, puifque

ce que vous voulez s'accomplit d'une façon ou d'autre. Inspirez-moi pour toujours ce juste sentiment, ô mon Dieu, maître & arbitre souverain du sort des hommes! Que je ne sois plus jaloux d'une liberté aussi trompeuse que funeste, & dont l'abus m'a déjà fait faire tant de tristes expériences. Que je la remette dans vos sages mains pour en diriger tous les mouvemens dans chaque action de ma vie, & puisqu'il faut que je serve à vos desseins, faites par votre grace que j'aie du moins le mérite d'y servir, en opérant mon salut, & en contribuant a celui de mes freres.

DE L'ÉVANGILE.

Apprenez – leur à observer toutes les cho u: je vous ai commandées. S. Matth. chap. 28.

UN débiteur ne s'acquitte pas en payant beaucoup, mais en payant tout. Ce n'est pas assez d'observer une partie des préceptes du Seigneur, l'obligation de l'homme est de les observer tous. Fondés sur la même autorité, la soumission qu'ils exigent de nous est sans réserve : ce n'est pas à nous de mettre des bornes à notre obéissance. Cependant toujours plus attentifs à ce qui nous plaît en nous-mêmes, qu'à ce qui peut y déplaire à
Dieu,

Dieu, nous nous raſſûrons pour quelque bien que nous faiſons, ſur tout le mal qui peut nous faire craindre. Rien de ſi bizarre que les idées qu'on ſe forme de la Juſtice qui fait le mérite du ſalut : il ſemble que la vertu ſoit compatible avec les vices les plus marqués, & que le violement d'un précepte puiſſe ſe compenſer par l'obſervation d'un autre. On eſt impatient & emporté ; mais on eſt charitable : on eſt intempérant, ſenſuel, ſuperbe, envieux, mais on remplit les devoirs extérieurs de ſon état : on a des foibleſſes, dit on, mais elles ne ſont pas contraires à la droiture & à l'équité. C'eſt-à-dire, qu'on croit avoir tout fait pour ſa juſtification, quand on peut aſſûrer qu'on n'a qu'un défaut : comme s'il falloit avoir tous les vices pour mériter l'enfer ; comme ſi les plus fameux coupables n'avoient pas été punis quelquefois pour un ſeul crime ; comme ſi toute l'autorité de la loi n'étoit pas anéantie, quand elle eſt violée dans un ſeul point.

Il y a même certains devoirs dont on ſe croit comme diſpenſé par la ſituation & par les conjonctures. On s'appuie dans tout état ſur les uſages & les mœurs qui y dominent, conformes ou non à la régle & aux engagemens : on ſe fonde ſur l'exemple du plus grand nombre, ou du moins ſur celui des perſonnes qui ne paſſent pas pour manquer de Religion : on eſt plus frappé de ce qui ſe fait que de ce

qui se doit faire ; & souvent un usage dénué
de raison, fait plus d'impression que la raison
même : on se croit enfin innocent en mar-
chant dans la voie des pécheurs ; c'est-à dire,
que Dieu nous auroit laissé les arbitres de ses
loix ; qu'il nous auroit permis de les accom-
moder selon le besoin, aux états, aux personnes, au tems ; que ce qui fut juste autrefois,
ne le seroit plus aujourd'hui ; que la loi ne défendroit à chacun que ce qu'il voudroit ; qu'il
n'y auroit point de loi commune, ou plutôt
qu'il n'y en auroit point du tout, puisque si
chacun pouvoit la violer dans un seul commandement, elle seroit violée dans tous ; l'un
seroit voleur, l'autre impudique, l'autre faux
témoin : le monde seroit, en un mot, aussi
déréglé qu'il est, & tout seroit dans l'ordre.
Pensées folles que l'esprit désavoue, mais
que le cœur essaye en secret de se justifier à
lui-même ! A ne consulter en effet que ce fond
de dépravation que nous portons tous, il
faudroit que Dieu fût obligé de s'accommo-
der de nos lâchetés, de se contenter de ce
que nous voulons bien faire, de souffrir nos
imperfections, de nous sauver avec nos injustices.

P R I E R E.

O TEZ-moi pour toujours, mon Dieu,
des pensées si contraires à votre équité
souveraine, si injurieuses à votre sainteté, si

peu dignes de vos bontés. Je fens bien que
qui pêche contre un de vos commandemens,
pêche contre tous, au moins par la difpofi-
tion du cœur: c'eft la charité que vous exigez de nous ; & vous aime-t-on quand on ne
craint pas de vous offenfer en quoi que ce
foit ? Non, Seigneur, les moindres prévarications ne peuvent venir que d'un fond d'in-
fenfibilité pour vous & d'indifférence pour
vos volontés faintes. Je vous le jure donc aujourd'hui, de garder tous vos préceptes ; &
je croirai n'avoir rien fait pour mériter vos
récompenfes, tandis que vous pourrèz me reprocher qu'il me manque encore une vertu.
Mais que votre grace, mon Dieu, foit le
fceau de mes promeffes, fans quoi, hélas !
je ne puis être que parjure & infidèle à ce
que je promets.

PREMIERE SEMAINE D'APRÉS PASQUES.

Reflexions pour le Dimance de Quasimodo.

De l'Epitre.

Quiconque est né de Dieu, &c. S. Jean.
I, Ep. chap. 5.

LE langage de Saint Jean dans toute cette Epitre est si figuré, que pour en tirer des idées précises, il est bon de comparer ici les différentes expressions qui signifient chez lui la même chose. Entrer en société avec Dieu, être comme lui dans la lumière, le connoître, l'aimer, observer ses commandemens, être en lui, y demeurer, ne point aimer le monde, vivre dans la justice, ne point commettre le péché ; c'est ce qu'il appelle être né de Dieu ou être enfant de la vérité. Ne separons donc point tous ces caractères, puisque le Saint-Esprit les a réunis pour nous faire connoître à nous-mêmes. Il n'est que trop commun de se reposer sur une qualité confuse d'enfant de Dieu, de s'en glorifier, d'y mettre sa confiance, sans approfondir sur quoi cette prérogative est fondée. On ne songe point que ce n'est qu'une simple manière de parler pour exprimer la sainteté de la vie. C'est par les mœurs qu'on est enfant de Dieu ; c'est par les mœurs qu'on entre en société avec lui ; c'est par les mœurs qu'on s'en sépare. Ceux qui font le mal, haïssent la lumière, & dès-là leurs œuvres sont appellées des œuvres de ténébres ; comme les bonnes œuvres sont appellées des œuvres de lumière, parce qu'on ne craint pas de les faire au grand jour. Par la même raison & en poussant plus loin la figure, les bons sont appellés lumière ou enfans de la lumière ; & les méchans, ténèbres ou enfans de ténébres. C'est dans le même sens qu'il est dit dès le commencement, que Dieu est lumière, & qu'il n'y a point de ténébres en lui ; c'est-à-dire qu'il n'y a point d'injustice : paroles très-étendues dans leur sens, & très-fécondes en conséquences, quand on veut les approfondir.

Si nous disons donc, continue le Saint Apôtre, que nous sommes en société avec Dieu, tandis que nous marchons dans les ténèbres, nous faisons un mensonge. Celui qui ose dire qu'il le connoît, & qui ne garde pas ses commandemens, est un menteur. C'est par-là que nous connoissons qu'il est en nous, & que nous sommes en lui. Si quelqu'un aime le monde, l'amour de Dieu n'est point certainement en lui : quiconque demeure en lui ne péche point. Celui qui commet le péché est enfant du diable : quiconque est né de Dieu ne le commet point en conservant cette qualité. C'est en cela qu'on connoît ceux qui sont enfans de Dieu & ceux qui sont enfans du diable. Tout homme qui ne fait point des œuvre de justice n'est point de Dieu. Voilà donc, selon Saint Jean bien entendu, les différentes clefs de la science qui nous découvre au vrai ce que nous sommes; & c'est dans ce même fond que les Peres ont puisé ces maximes si communes chez eux : Que si nous voulons nous approcher de Dieu, nous devons travailler à lui ressembler ; que cette ressemblance seule nous rend dignes de son adoption; que l'homme, en un mot, ne peut devenir enfant de Dieu, ni héritier des promesses qu'en devenant saint ; que celui qui, se voyant souillé de péché sans s'en affliger, l'appelle son pere, le deshonore & l'outrage ; que quand le Seigneur nous apprend à lui donner ce nom dans la prière, il ne fait que nous prescrire une vie pure ; puisque la vérité ne nous induit point au mensonge, & ne nous engage point à dire que nous sommes ce que nous ne sommes pas.

PRIERE.

QUE cette doctrine est humiliante pour moi, Seigneur, & de combien de retours sur moi-même ne me fournit-elle pas la matière ? Il est tems de les faire & de m'examiner sous vos yeux. Hélas ! quel est mon état ? Je me pare peut-être d'un titre qui ne m'appartient point. Vous daignez honorer du nom de vos enfans ceux qui se proposent votre sainteté pour modèle ; & c'est, selon votre Apôtre, l'effet de votre grande charité pour nous. Ne changez donc point pour moi vos faveurs, ô mon Dieu, mais changez mes mœurs, & faites que par une vie digne de vous, je puisse me flatter avec une humble confiance d'être né de vous, pour avoir part à votre héritage éternel.

DE L'EVANGILE.

Ils couroient tous deux, mais l'autre Disciple devança Pierre. S. Jean. chap. 20

TOus ceux qui sont dans la voie du salut n'y courent pas d'un pas égal ; leurs progrès sont plus ou moins lents : l'essentiel pour eux est de ne point s'arrêter. Saint Jean va plus vîte que Saint Pierre, il arrive le premier au tombeau ; mais Pierre arrive enfin, quoi-

X iv

qu'un peu plus tard. La vûe de ceux qui nous devancent ne doit point nous décourager; chacun de nous a ſa meſure de grace, & n'eſt reſponſable que d'un uſage fidèle : mais comme il peut y avoir divers degrés dans cette fidélité, c'eſt à nous d'examiner la nôtre ſans nous en impoſer, & de bien approfondir les raiſons du peu de progrès que nous faiſons. Elles ſont infinies par la variété des caractères & des ſituations; mais les plus ordinaires ſont de ne pas faire de ſon ſalut ſon unique affaire. On s'occupe trop des autres, & trop peu de ſoi-même; on ſe diſſipe par mille ſoins étrangers à ſon état; on laiſſe vivre en ſoi mille déſirs qui occupent toute l'ame, & qui ne lui laiſſent preſque point de liberté pour s'appliquer à Dieu; on conſerve mille cupidités ſecrettes qui empêchent de goûter la piété; & quand on eſt ſans goût, il n'y a point d'ordinaire de ferveur pour le travail & pour la perfection; on ne va point à la ſource du mal, on ſe borne à des pratiques ſuperficielles qui ne ſervent de rien pour la réformation du dedans. Souvent & trop ſouvent les lenteurs à s'avancer viennent de ce qu'on a commencé trop tard à marcher comme on devoit dans la voie des commandemens; & c'eſt cela même qui oblige de doubler le pas & d'augmenter le travail. Tant que l'arbre eſt jeune on le plie ſans beaucoup de peine; mais il faut rompre & couper quand on l'a laiſſé fortifier.

'Ainſi, plus on différé, plus il en coûte pour ſe vaincre & pour ſe réduire à ſes obligations. On ſe trompe en s'imaginant que les premières années ne ſont point le tems de réprimer ſes paſſions & de ſe faire violence : c'eſt préciſément alors qu'il faut oppoſer aux tentations les barrieres du devoir, ſe pénétrer fortement de leur injuſtice, & du danger de ſe livrer aux vûes qu'elles donnent. Quand on ſe permet des foibleſſes, on s'expoſe à ſe voir un jour réduit à la néceſſité de s'en permettre, à dire & à ſe perſuader qu'on ne peut s'en paſſer. Les mauvaiſes inclinations ſe fortifient par les habitudes ; il faut quelquefois de grands combats pour obtenir de petites victoires, & des années entières pour gagner ſur ſoi ce qu'on auroit autrefois emporté par une première violence. Mais, encore une fois, ce n'eſt qu'une raiſon plus forte d'exciter tout ſon zèle : plus on a de peine à remplir exactement toute la meſure de ſes devoirs, plus on doit redoubler ſes efforts : quand la négligence a rendu l'ouvrage plus difficile, les lâchetés en ſont moins excuſables, & il ne reſte après tout qu'une obligation plus marquée de racheter le tems perdu. Le champ du pareſſeux ſe couvre de ronces & d'épines, dit le Saint-Eſprit, il faut ſuer pour le défricher ; mais il faut s'animer auſſi par l'eſpérance du ſuccès, ſe bien convaincre qu'à force de

X v

travail ce champ porte enfin son fruit, & dédommage avec abondance des peines qu'on
s'est données pour le cultiver. Ce sera, sur la
promesse de la vérité même, le sort de ceux
qui travaillent sérieusement à se corriger : rien
n'est perdu pour eux dans la carrière de la
vertu ; chaque pas qu'ils y font les avance
toujours, & augmente même l'espérance consolante d'arriver enfin au terme où Dieu le
veut.

PRIERE.

QUE je ne perde donc point courage dans
cette sainte carrière, Seigneur ! Il est vrai
que j'éprouve des peines à me défaire de mes
défauts ; mais il est juste que je sois puni de
mes premières négligences. Soutenez-moi,
mon Dieu dans ces pensées ; redoublez vos
graces à mesure que je sens mes foiblesses ;
que la vue des obstacles que j'ai mis moi-même
à mon salut, ne me fasse point abandonner
l'ouvrage ; qu'elles me persuadent au contraire de la necessité de travailler sans relâ-
che, afin que par ma persévérance dans le
travail, je mérite d'en recueillir un jour les
fruits pour la vie éternelle.

POUR LE LUNDI.

DE L'EPITRE.

Quiconque est né de Dieu, est victorieux du monde.
S. Jean. I. Ep. chap. 5.

C'EST par cette maxime que Saint Jean prouve que les commandemens de Dieu ne sont pas pénibles, c'est-à-dire, qu'ils ne le sont que quand nous n'agissons pas selon l'esprit de cette naissance, qui nous fait enfans de Dieu par l'amour de la justice. Prenez-y garde, ce qu'on entend par le monde, pris dans sa véritable signification, n'est pas loin de nous quoique notre état paroisse nous en éloigner. Toutes les difficultés que nous trouvons dans nos devoirs, ne viennent que de nos divers attachemens pour le monde : nous ne péchons que par intérêt ; nous ne haïssons point sans sujet ; les hommes ne nous déplaisent que parce que nous croyons qu'ils nous nuisent : nous ne concevons contre eux des aversions & des ennuis que parce qu'ils s'opposent à nos desirs, que parce qu'ils concourent avec nous dans la poursuite des mêmes biens ou de la même réputation ; que parce que nous nous croyons dû ce qu'ils en possédent, ou que nous voudrions l'avoir. Sans l'avarice, fans la jaloufie, fans l'ambition , fans l'amour du plaifir, en un mot, fans la multitude des différentes cupidités qui nous occupent & qui fe fuccédent dans notre cœur, l'amour du prochain n'auroit plus rien de difficile pour nous , & la loi feroit accomplie.

Regardons donc tous les objets qui nous infpirent ces paffions comme les plus terribles ennemis que nous ayons à vaincre. Le foin continuel de ceux qui prétendent à la qualité d'enfans de Dieu, doit être de fe défendre de leurs impreffions; nous l'avons déja vû dans la réflexion précédente, nous ne fommes enfans de Dieu qu'autant que nous obfervons fes préceptes, & nous ne les obfervons qu'à proportion que nous banniffons de nos cœurs l'amour du monde. C'eft un ennemi, mais bien différent de ceux qui nous attaquent par la violence ; toute fa force vient de nous ; il ne nous nuit que parce que nous l'aimons par quelqu'endroit : haïffons-le , il eft vaincu ; mais ne nous flattons pas, cette haine eft une victoire qui n'eft jamais complette , toujours quelque refte de penchant pour la créature nous donne des atteintes , & nous expofe à la tentation de violer quelque commandement. Ne ceffons point de combattre, puifque nous ne ceffons point de pouvoir être vaincus.

PRIERE.

EH! comment deviendrois-je invincible Seigneur, si vous n'êtes vous-même mon secours? Hélas; je n'ai que trop long-tems & trop souvent éprouvé ma foiblesse: mais je ne puis ignorer la force & l'efficace de votre grâce. Répandez-la donc dans mon cœur, mon Dieu, afin que je ne sois pas vaincu par le monde, & que j'en devienne victorieux comme un enfant né de vous. Défendez mes sens de ce que les objets qui les flattent ont de dangereux: imprimez dans mon esprit de fortes idées de leur néant; faites que je ne les aime qu'avec la modération de l'usage que vous m'en permettez: que je vous aime préférablement à tout & par-dessus tout, afin que je trouve dans votre amour la source de celui que vous m'ordonnez d'avoir pour mes frères, & que vos commandemens, bien loin d'être ma peine, deviennent mes délices en ce monde, & le sujet de mes espérances pour l'éternité.

DE L'EVANGILE.

Jesus parut au milieu de ses Disciples, & leur dit : Que la paix soit avec vous. S. Jean ch. 20.

QUOIQU'IL y ait dans ces paroles de Jesus-Christ une vertu & une efficace de grâce qui porta d'abord le calme & la tranquillité dans le cœur de ses disciples : à ne considérer cependant que les simples termes du Sauveur à leur égard, il paroît qu'il les salue d'abord comme le Juifs avoient accoutumé de se saluer : en s'abordant, en se quittant, en entrant dans les maisons, en partant pour des voyages, il se souhaitoient la paix. Ces sortes d'usages, qui se trouvent établis plus ou moins chez tous les hommes, sont des restes de ce fond de bienveillance mutuelle que la nature leur avoit inspirée, c'est l'origine de toutes les civilités humaines; & à les prendre de ce côté-là, ce sont des devoirs dont nous ne sommes pas dispensés à l'égard de nos ennemis mêmes. Si nous sommes obligés de leur faire du bien quand nous nous trouvons dans l'occasion, nous devons du moins, & à plus forte raison, leur en souhaiter. Rien ne nous est indifférent dans nos semblables : leur santé, leur repos, leurs biens, leurs enfans, leurs maisons, leur bonheur dans la vie future, tout nous regarde, tout nous intéresse, si nous n'avons pas renoncé à l'humanité ; & dans l'impuiſſance de leur procurer des avantages qui ne dépendent pas de nous, nous les leur ſouhaitons. De là ſont venus les *bons jours*, les *bons ſoirs*, les *adieux*, les ſoins de s'informer réciproquement comme on ſe porte, & les réponſes officieuſes qui ſe font à ces demandes : le cœur n'a ſouvent pas la moindre part à toutes ces façons de parler, & c'eſt un déſordre.

Ce ne ſont donc pas les diſcours qu'il faut réformer, ce ſont les ſentimens : on auroit honte de manquer à ces politeſſes extérieures ; mais cette honte même doit faire reſſouvenir qu'il eſt bien plus honteux de manquer aux affections qu'elles expriment. Plus on eſt eſclave de la loi qu'on ſe fait de ces démonſtrations d'amitié, plus on doit ſe reprocher l'indifférence ſecrette qui les dément. Il faudroit donc les rappeller à leur ſource, ne s'acquitter jamais de ces devoirs qui ſont preſque réduits à de pures bienſéances, ſans ſonger qu'ils ont été dictés par le cœur. La charité croîtroit en s'exerçant ainſi tous les jours ; on reprendroit pour tous les hommes cette affection ſincère qu'ils ſe doivent ; on n'auroit plus d'ennemis ; on ne haïroit perſonne ; il y auroit même un autre avantage dans ces ſouhaits réciproques : ils nous rappelleroient l'indigence & la fragilité qui nous eſt ſi naturelle, les dangers qui nous menacent ſans cesse, & le besoin que nous avons d'une continuelle protection du Seigneur : car c'est précisément là ce que signifie cette expression si familiere, *adieu*, c'est à-dire, je vous recommande à Dieu, vous qui pouvez périr à tous momens, sans que je sois à portée de vous secourir.

PRIÈRE.

QUE je ne dédaigne donc point, mon Dieu, ces saluts dont votre divin Fils m'a donné lui-même l'exemple : mais que mes souhaits, comme les siens, soient des souhaits sincères. Rendez-les vous-même efficaces, bénissez tous les services que vous me donnez dans l'occasion de pouvoir rendre aux hommes ; faites-leur tout le bien que je ne puis leur faire ; qu'en vous priant pour eux, je me souvienne de notre foiblesse commune, & que j'apprenne à n'attendre que de vous le salut que je leur désire.

POUR LE MARDI.

DE L'EPITRE.

La victoire par laquelle le monde est vaincu, est
un effet de notre foi. S. Jean.
I. Ep. chap. 5.

IL n'y a que la foi vive du Chrétien qui
rende l'homme véritablement victorieux
du monde : la disposition du Juif l'en rendoit
comme esclave par des promesses où il s'arrê-
toit grossièrement, & qui ne faisoient qu'irriter ses cupidités. D'où lui seroient venues en
effet les pensées du détachement ? Il considéroit les biens présens comme la récompense
du culte qu'il rendoit au Seigneur : il étoit
vaincu sans combat, & prenoit sa défaite pour
une victoire. Afin de nous accoutumer à regarder les biens sensibles comme des ennemis
de notre bonheur, il a fallu nous proposer de
meilleurs espérances. Notre cœur avoit besoin de ce dédommagement ; mais sans la foi
ce dédommagement nous paroîtroit une chimère. Avides du plaisir, nous nous attachons
à tout ce qui nous flatte & que nous croyons
nous rendre heureux : nous voulons jouir, &
l'objet d'une félicité trop reculée dans l'avenir, est pour nous comme s'il n'étoit pas.

Des biens qui ne se voient point, & qui ne se goûtent que par l'esprit, ne nous offrent que des idées sans réalité : c'est la foi qui les réalise & qui leur donne de la consistance ; c'est elle qui se les rendant comme présens, les compare aux biens visibles, & trouve qu'ils ont sur eux mille raisons de préférence. Les uns passent comme une ombre, & les autres durent éternellement : ceux-ci par leur plénitude contentent tous les desirs, ceux là ne font qu'amuser le cœur, & luilaissent bientôt éprouver tout leur vuide.

Envain donc viennent ils flatter les sens par de trompeuses douceurs : envain réunissent-ils quelquefois tous leurs charmes pour surprendre une ame vraiment fidèlle, elle sait s'en défendre ; la comparaison détermine son choix, & lui fait préférer sans balancer ce qu'elle espére à ce qu'elle voit. Ainsi, quiconque se laisse vaincre aux desirs des joies du siècle, n'a point la foi, ou la foi dans son esprit est comme les armes entre les mains de ceux qui ne savent pas s'en servir. Comment peut-on croire, en effet, qu'il y ait des biens infinis qui nous attendent, & ne pas mépriser des biens frivoles dont la privation vaut souvent mieux dès ici-bas que la jouissance ? Armons-nous donc de cette foi comme d'un bouclier qui nous mette à couvert de toutes les atteintes des beautés visibles, & qui nous serve à repousser tous le traits des mauvais amours qu'elles nous infpirent. C'eft l'avis que Saint Paul ne ceffoit de donner aux fidèles, pour les rendre victorieux de tout ce qu'on appelle monde.

PRIERE.

MAIS vous, Seigneur, qui l'avez vaincu par votre Croix, après l'avoir combattu par vos maximes, formez moi vous même à ce combat, & préparez moi à cette victoire; apprenez-moi l'ufage des armes que vous m'avez données contre les attaques de ce monde. Je fuis prêt à me rendre à chaque objet qu'il me préfente : ma foi toujours endormie laiffe mon efprit ouvert à toutes les penfées de la créature, & mon cœur toujours en proie à quelques faux attraits. Réveillez-la, mon Dieu, ranimez la par le fouffle de votre efprit; elle me fuffit fi elle eft vive, avec elle je commencerai de vaincre, & par elle j'obtiendrai cette manne cachée que vous promettez aux victorieux.

DE L'EVANGILE.

Il leur montra ses mains & son côté. S. Jean.
chap. 20.

LA vûe des plaies de Jesus-Christ étoit
propre à confirmer la foi de ses Disciples, & ce fut à ce dessein qu'il les leur montra;
mais elles pouvoient servir encore à les rassû-
rer contre la crainte du monde, & leur faire
sentir l'excès de ces lâches frayeurs qui les
avoient obligés de se tenir si renfermés, sur-
tout dans un temps où leur zèle pour lui devoit avoir repris de nouvelles forces. Ils
voyoient dans ces plaies si-tôt refermées, la
verité de ce que le Sauveur leur avoit dit,
en les assurant qu'il avoit vaincu le monde ;
c'est à-dire, que quoiqu'il eût succombé pour
un moment à la puissance des hommes, Dieu
son Pere l'en avoit fait triompher par la
mort même à laquelle ils l'avoient condamné. C'est ainsi que les coups dont les méchans paroissent accabler les justes, ne font,
pour ainsi dire, qu'effleurer leur cœur : la
nature en ressent quelquefois les premières
impressions, mais l'onction de la grâce les
adoucit bien-tôt ; la plaie se referme ; Dieu
les console à proportion qu'ils sont affligés ;
il essuie leurs larmes, il appaise leurs douleurs, il change en joie toute leur tristesse :

leur piété s'affermit par les contradictions, & ce qui sembloit devoir les refroidir, ne fait que rallumer leur ferveur.

Après tout, jusqu'où la puissance du monde s'étend-elle? Il peut nous ôter notre liberté extérieure, nos biens, notre réputation: mais que sont ces pertes pour une ame dont la vertu fait toutes les richesses, & qui posséde ce trésor dans un endroit où l'ennemi ne peut pénétrer? Que craignons nous, quand nous craignons les jugemens humains qui nous paroissent si terribles? Ces censures sont des fléches émoussées qui tombent au pied du but qu'elles frappent; quel mal nous ont-elles fait? Considérons nos mains & notre côté; voyons nos œuvres & notre cœur: y trouvons-nous quelque changement? Qu'on nous ait fait, ou qu'on ait dit de nous tout le mal imaginable, en sommes nous différens de nous mêmes? Un moment de réflexion solide suffit pour guérir ces prétendues plaies; & nous y sommes plus sensibles par la crainte que nous en avons, que par le mal réel qu'elles nous font; nous ressemblons à ceux qu'un excès de terreur fait tomber sous des coups qui ne les ont point frappés, à des enfans qui croîent qu'on les bat, quand on fait du bruit auprès d'eux, à des simples qui se persuadent que certaines gens se percent cruellement le front, ou se coupent les doigts avec des instrumens dont l'art leur est caché.

PRIERE.

OUI, mon Dieu, telle eſt la folie de ces fraieurs, qui me font ſi ſouvent balancer ſur la fidélité que je vous dois ; & j'en ai, pour mon malheur, de plus d'une ſorte : je crains des maux imaginaires de plus d'une façon : j'oublie quetout le reſte n'eſt rien pour moi ; que rien ne me fait tort que ce qui me change véritablement à vos yeux ; & que quand les maux ſeroient plus réels ; vous êtes aſſez puiſſant pour les guérir. Faites donc, Seigneur, que ma foi ne ceſſe point de me les repréſenter pour ce qu'ils ſont, & qu'en voyant la petiteſſe de ceux que le monde peut me faire : je n'en conçoive point de plus grand, que celui de manquer à ce que je vous dois pour les éviter.

POUR LE MERCREDI.

DE L'EPITRE.

Qui est celui qui est victorieux du monde, sinon celui qui croit que Jesus est le Fils de Dieu?
S. Jean 1. chap. 5.

NE concluons pas d'ici, que ce soit la simple foi des mystères du Christianisme qui fasse notre victoire : la vie des Chrétiens même d'aujourd'hui démentiroit cette maxime. Les plus esclaves du monde, les plus dominés par son esprit, les plus servilement livrés à toutes ses cupidités, répondent sans hésiter, qu'ils croient en Jesus-Christ : mais pour être véritablement son Disciple, il faut, dit-il, demeurer dans sa parole. La decision est claire, précise, & n'a pas besoin de commentaire. La foi de sa personne n'est rien sans celle de ses maximes & de ses promesses : autrement la religion n'est qu'un jeu & un amusement de l'esprit ou plutôt un assemblage de contradictions qui en font aux yeux de la raison une vraie chimère. D'ailleurs, on croit aisément & sans conséquence ce qui n'intéresse point les passions : on laisse volontiers les vérités de pure spéculation pour ce qu'elles sont, tandis qu'il n'en coute rien à l'amour propre;

d'où l'on doit conclure que la vraie foi eft celle qui nous anime aux devoirs de la juftice par la vûe des biens à venir, & qui, en montrant à l'homme fa véritable deftinée, le fait marcher d'un pas ferme dans la voie qui y conduit.

Telle étoit la foi que Saint Paul a tant louée dans les anciens, & dont on ne fauroit trop lire & trop méditer l'éloge qu'il en fait : c'étoit elle qui leur faifoit réellement vaincre le monde par un généreux mépris : ils s'y regardoient comme des étrangers, & ne daignoient pas s'y former des établiffemens. Ils aimoient mieux s'y voir affligés, que d'y jouir des douceurs du péché qui paffent comme l'ombre : ils y fouffroient tout dans la penfée de la récompenfe, & dans la feule vue de ces promeffes, qu'ils ne faluoient encore que de loin. La mort, l'exil, la pauvreté, les perfécutions, & toutes les extrémités les plus terribles, n'étoient pour eux dans leur idée qu'un paffage aux richeffes, aux delices, à la gloire, à la vie bienheureufe. La Religion d'un Chrétien qui ne porte point ces caractères, n'eft donc qu'un pure fantôme ; & on fe trompe groffièrement, quand on fe flate de croire encore, tandis qu'on ne remarque aucun de ces traits dans fa conduite. Redifons le, & nous ne faurions trop nous le dire : la vraie foi c'eft celle qui règle la vie du jufte & fes inclinations ; c'eft celle qui, opérant par une

charité

charité vivifiante, nous affranchit des defirs de la terre, & qui nous fait triompher également des biens & des maux qui ne font pas éternels.

P R I E R E.

C'EST-là, mon Dieu, la foi que je vous demande, & que je vous conjure d'augmenter fans ceffe dans mon cœur. Je fuis inftruit par votre miféricorde; je crois déjà ce qu'il vous a plû de me révéler de vous-même, de votre fils Jefus-Chrift, de vos merveilles, & des fecrets de votre conduite fur les enfans des hommes; mais confirmez-moi fur-tout dans la conviction intime de vos promeffes, afin que je croie ce qui ne fe voit point, avec encore plus d'affurance que ce que j'apperçois fous mes yeux; que j'efpère ce que j'aurai commencé de croire: que je n'aime que ce que vous me ferez efpérer; qu'enfin, cette efpérance, appuyée comme une ancre ferme fur l'immutabilité de votre parole, me donne la force de vaincre tous les penchans qui m'affujettiffent au monde préfent, & de rompre tous les liens du mauvais amour qui m'attache à moi-même.

DE L'EVANGILE.

*Si je ne mets mon doigt dans le trou des cloux,
& ma main dans son côté, je ne croirai point.*
S. Jean, chap. 20.

L'Incrédulité de Saint Thomas étoit inexcusable, sans doute, mais moins coupable pourtant qu'on ne se la figure communément. Elle passe en proverbe dans le monde: de tout tems sa malignité lui fit trouver du plaisir à voir un Apôtre de J. C. incrédule: il en triomphe encore, & croit pouvoir de même renfermer toute sa foi dans le témoignage des sens. On doute sans scrupule des vérités d'une Religion qui gêne les passions; on fait profession de ne rien croire, & on se flatte de ne faire qu'imiter Saint Thomas: comme si l'infidélité pouvoit tirer quelque autorité de l'exemple, comme s'il suffisoit d'accuser les Saints pour se justifier. Les premiers Disciples de Jésus Christ ont été foibles, lâches, timides, incrédules; mais en quel temps l'ont-ils été, & ne nous ont-ils montré que des foiblesses que nous puissions copier d'après eux? Leur renoncement à toutes les espérances du siècle; leur promptitude à quitter tout pour suivre un Maître qui ne leur promettoit que la haine & les persécutions du monde; leur persévérance à de

meurer fermes avec lui dans toutes ſes épreu-
ves; mille vertus héroïques qu'ils ont fait
éclater depuis les fautes que nous leur re-
prochons, ne font point d'impreſſion ſur
nous.

Rien n'eſt égal à la bizarrerie de nos jugemens, & rien en même temps ne marque davantage la malice profonde de notre cœur.
Quand les Saints ſe font élevés au-deſſus des
fragilités de la nature, nous les regardons
comme des prodiges plûtôt que comme des
modèles : nous admirons leur progrès vers la
perfection de l'Evangile, & nous nous décla-
rons incapables de les ſuivre : Ce font, di-
ſons-nous, des hommes au-deſſus du reſte
des hommes, à qui ce feroit une tentation
de vouloir reſſembler. Mais ſi nous décou-
vrons en eux quelques reſtes de défaillances
humaines; s'il leur échappe quelque chûte
qui nous apprenne qu'ils n'étoient pas plus
forts que nous, c'eſt en ce point que nous
voulons bien qu'on nous compare avec eux,
& que nous croyons trouver dans leurs défauts la juſtification des nôtres. Nous prenons
le change : les chûtes des Saints nous prou-
vent ſeulement que la vertu chez eux n'a
point été la ſuite des penchans qui nous font
communs : l'aveu de leurs foibleſſes eſt l'é-
loge le plus glorieux de la fidélité qui les a
ſoutenus, & la plus invincible preuve de
notre lâcheté.

Y ij

PRIERE.

QUE j'apprenne donc aujourd'hui, Seigneur, à ne me pas rendre comme le Père du mensonge, l'accusateur des Saints, & à juger comme il faut des fautes de vos Elus : que je conçoive bien qu'au lieu de me justifier, elles me condamnent, que c'est leur gloire & ma confusion, que la vérité ne m'ait point dissimulé leurs chûtes. Ils étoient donc hommes comme moi; ils étoient donc foibles, puisqu'ils sont tombés quelquefois : mais ils étoient assidus & fervens à implorer la force de votre grace, puisqu'ils l'ont obtenue ; mais ils étoient fidèles à suivre ses mouvemens, puisqu'ils se sont élevés à un si haut dégré de perfection. Ce n'est que par-là, mon Dieu, que vous me les proposez, afin que leur fidélité ranime mon zèle, & que leurs imperfections ne fassent que me tenir dans une humble défiance de moi-même.

POUR LE JEUDI.

DE L'EPITRE.

C'est l'esprit qui me rend témoignage que Jésus-Christ est la vérité. S. Jean, 1 ch. 5.

IL y a toujours dans la Religion plus de sentiment que de lumière. C'étoit par-là aussi que le seul exemple des premiers fidèles faisoit souvent les plus promptes & les plus merveilleuses conversions. La pureté de leurs mœurs, leur charité, leur douceur, leur patience, leur fermeté, leur constance, leur joie même au milieu des tourmens, enlevoit les infidèles les plus éclairés, comme par attrait & sans raisonnement. Les preuves extérieures nous convainquent quelquefois, sans nous persuader; on voit tout ce qu'il faut pour croire, & on ne croit pas encore : mais il y a une conviction intérieure qui nous fait pleinement acquiescer aux vérités : c'est un témoignage que notre esprit leur rend, ou plutôt que l'Esprit Saint leur rend en nous; voilà pourquoi quelqu'un voulant définir la vraie foi, a dit que c'étoit *Dieu sensible au cœur*, & on ne pouvoit en donner une idée plus juste.

C'est Dieu, en effet, qui parle au cœur & qui s'en fait croire : on se repose sur sa pa-

Y iij

role par un acquiefcement qui bannit les doutes & les inquiétudes : on fent avec joie que ce qu'on croit eft véritable, & voilà ce que Saint Jean nomme l'onction intérieure qui nous inftruit de tout, qui fait que nous n'avons plus befoin que perfonne nous enfeigne, parce que fes leçons portent avec elles un caractère de vérité qui nous ôte tout foupçon de menfonge. L'erreur ne laiffe jamais une fi grande paix dans l'ame : nos efprits font faits pour la vérité, & il n'y a que la vérité qui calme nos penfées, comme il n'y a que le vrai bien qui contente nos defirs. C'eft la confolation des vrais fidèles, & ce qui doit leur faire méprifer les difcours de l'incrédule & du libertin : ils peuvent paroître embarraf-fés des difficultés prétendues qu'on leur op-pofe contre la foi : on peut leur faire des rai-fonnemens dont les réponfes précifes ne fe préfentent point à leur efprit ; mais tous ces raifonnemens, quelque fpécieux qu'ils foient, ne vont jamais jufqu'à faire taire cette voix qui leur dit au-dedans qu'ils ne font point trompés. Ils portent donc en eux-mêmes la preuve fubfiftante de la divinité de la Religion, & ils ont un Maître intérieur qui leur parle plus efficacement que tous les vains difcours des hommes.

PRIERE.

QUEL autre Maître, en effet, que vous, ô mon Dieu, pourroit persuader si fortement tant d'ames simples, des vérités qu'elles ne comprennent point? Qui pourroit les affermir dans la foi de vos promesses contre les réponses qu'inspire le libertinage des cœurs corrompus, & jusqu'à les rendre inébranlables à tous les rafinemens d'une orgueilleuse quoique foible raison? Instruction consolante pour l'homme dans ce lieu de ténèbres & d'erreur! Heureuse situation d'une ame droite & tranquille, dont les yeux sont toujours ouverts à cette lumière intérieure! Continuez, Seigneur, de m'enseigner en cette manière : faites-moi sentir vivement que c'est vous qui me parlez, afin que je n'écoute que vous. Vérité éternelle! que ma foi fondée sur la certitude de vos paroles, soit à l'épreuve de tous les doutes insensés; & qu'à la vûe du jugement terrible que vous exercez contre les incrédules, rien ne puisse ni ébranler ma confiance, ni ralentir ma fidélité pour vous.

DE L'EVANGILE.

Ne soyez point incrédule mais fidèle.
S. Jean, chap. 20.

IL y a dans le monde une seconde espèce d'incrédulité, qu'on croit plus excusable que celle à qui le reproche de Jesus-Christ s'adresse, mais qui l'est beaucoup moins en ce qu'elle est infiniment plus dangereuse, & qu'elle paroît comme irrémédiable. On ne dit plus, si je ne vois, je ne croirai pas : l'esprit est convaincu ; mais la foi demeure comme en suspens, & semble attendre quelque nouvelle conviction pour agir sur le cœur. On ne voudroit pas renoncer aux promesses de l'Evangile ; le salut est encore trop précieux pour ne le désirer plus : cependant on sent bien que de la façon dont on vit, on risque de le perdre, ou du moins qu'on ne fait pas ce qu'il faut pour le mériter. Il faudroit y travailler avec plus de zèle & de fidélité, remplir plus exactement les devoirs de la vie chrétienne : mais l'amour des objets sensibles, ou la haine du travail retient dans l'indolence : on vit dans l'inaction ou dans la dissipation & les soins du temps. Exempt peut-être des grands vices, mais sans vertu, on néglige tout le bien qu'on auroit à faire, sans se permettre tout le mal qu'on voudroit : dans certains momens la

foi semble venir reprendre ses droits, les dehors de la Religion qu'elle ne permet pas d'a-
bandonner, rappellent de temps en temps le
prix des biens qu'elle promet, & la grandeur
des maux dont elle menace, mais ce ne sont
toujours que des vues confuses, que des images insipides qui n'ont rien de touchant : on
s'imagine avec cela qu'il viendra un jour ou
plus pénétré de la solidité de ses espérances,
on se sentira plus de goût pour ses obligations,
& plus de courage à marcher dans les voies
étroites.

Ainsi c'est à cet avenir qu'on remet tranquillement son changement, son zèle, sa
ferveur pour l'unique objet qui intéresse, &
auquel on ne renonce pas ; c'est alors, dit-
on, que le reste ne sera plus rien, & qu'on fera
de la piété sa plus sérieuse affaire. Où est donc
la foi avec de telles pensées & une telle conduite ? Croit-on, en effet, dans cet état ; ou
n'est il pas vrai qu'on ne croit pas ? Et que ne
le redit-on souvent à soi-même : Ne soyons
pas incrédules, mais fidèles ? Sont ce de nouvelles raisons de douter qu'on attend ? Si les
preuves de ce que le Chrétien croit paroif-
foient moins claires & moins sûres, son indifférence pour ce qu'il espère ne seroit-elle pas
moins odieuse, que de le voir demeurer dans
l'inaction, parce qu'il trouve les maximes de
la Religion trop sévères & trop contraires au
règne de ses passions ? Sans doute il s'en faut

Y v

bien qu'il y ait autant de bonne foi dans cette incrédulité, que dans celle de Saint Thomas. Le cœur de ce Disciple étoit toujours avec son Maître : il ne doutoit que parce qu'il souhaitoit d'être convaincu : l'évènement en fut la preuve. Il souhaitoit de voir pour croire : il vit & crut à l'instant : sa foi même redevint plus éclairée, plus vive & plus ardente que jamais : sa langue suffit à peine aux saillies de son cœur pour la confesser pleinement, & on l'entendit sur le champ faire des protestations de l'attachement le plus inviolable à celui qu'il reconnoissoit pour son Seigneur, son Maître & son Dieu.

PRIERE.

QU'un transport aussi saint & aussi juste me saisisse donc en ce moment, mon Seigneur & mon Dieu ! Je vous le redis avec cet Apôtre : Je ne veux plus être incrédule, mais fidèle : vous serez désormais le seul Maître que je servirai, le Seigneur que je reconnoîtrai, le Dieu que j'adorerai : mais est-ce bien mon cœur qui vous parle en effet ? Vous qui le voyez jusques dans le fond le plus intime ; vous qui le tenez dans vos mains & qui pouvez le remuer comme il vous plaît, opérez-y ce que ma bouche vient de vous dire : faites que je ne mette plus ni délais, ni bornes aux hommages que je vous dois. Vous ne m'avez que trop rendu témoignage de vous-même : vous ne m'avez que trop donné de preuves de la vérité de vos paroles & de la certitude de vos promesses. Que cette conviction ne reste donc plus oisive dans mon esprit, & que je ne croie jamais réparer assez l'injure que je vous ai faite de vous connoître sans vous servir.

POUR LE VENDREDI.

DE L'EPITRE.

Puisque nous recevons le témoignage des hommes.
S. Jean, 1. chap. 5.

SI nous ne recevions pas le témoignage des hommes, tous les liens de la société seroient absolument rompus. C'est par-là que nous connoissons notre état, nos droits & nos devoirs réciproques. Il y a mille occasions où nous ne pouvons agir que sur leur rapport pour le passé, que sur leur parole pour le présent, ou sur leurs promesses pour l'avenir : c'est une preuve comme une règle de cette Providence sage qui gouverne l'Univers. Il est vrai que tout homme est menteur, qu'il peut tromper par erreur & par malice ; & comme on ne doit pas douter de tout, aussi ne faut-il pas tout croire : ce discernement est l'ouvrage de la prudence, &

la prudence est le partage de tout bon esprit.
Il y a des caractères de vérité, qui portent les
faits mêmes à la certitude des principes les
plus évidens : il y a des caractères de dispofi-
tion, qui détruifent les préfomptions les plus
fortes. C'eft à nous d'ufer d'une raifon fage
pour éviter les méprifes : c'eft à nous de pro-
portionner nos attentions aux intérêts que
nous avons de croire ou de ne pas croire.
Or le plus grand de ces intéréts, c'eft fans
doute l'intérêt du falut; & comme rien ne peut
jamais entrer en comparaifon avec lui, c'eft
fur celui-là que nous devons craindre de nous
repofer fur une autorité qui ne fuffit pas, ou
de ne pas nous rendre à celle qui fuffit.

Il eft donc néceffaire (puifque Dieu, dans
fa conduite ordinaire, ne nous parle point par
lui-même & par des révélations particulières)
il eft jufte d'écouter ceux qui nous parlent en
fon nom. Mais il refte à prendre garde qu'ils
ne le faffent parler lorfqu'il ne parle pas, ou
autrement qu'il ne parle. Il y aura toujours de
faux Prophêtes qui prêcheront des dieux, &
un culte étranger; des guides aveugles, igno-
rans ou trompeurs, qui détourneront des
voies droites, ou qui conduiront au précipice;
& les règles du difcernement font tout-à-la-
fois courtes & faciles, quand on fait les ramener à la première de toutes. C'eft que Dieu
ne fe contredit point lui-même, & qu'il n'y
a aucun témoignage qui puiffe autorifer ce

qu'il condamne, ni difpenfer de ce qu'il commande. Ne croyons donc pas à tout efprit, mais examinons fi les efprits font de Dieu : ayons de la bonne foi dans les chofes de la Religion & du falut, comme dans les affaires & dans le commerce de la vie : croyons quand nous avons des raifons de croire, fans écouter les préjugés des paffions, ni les difficultés fuperflues d'un efprit prévenu : foyons tout-à-lafois fimples & prudens, & cherchons le milieu que la fageffe doit mettre entre une défiance exceffive qui doute de tout, & une pareffeufe crédulité qui reçoit tout fans difcernement.

PRIERE.

MAis vous, Seigneur, ma lumière & mon guide durant les fombres jours de mon pélerinage, ne détournez point vos yeux de deffus moi, de peur que mes pas ne m'égarent dans des voies obliques. Vous, mon Dieu, qui m'avez affujetti, felon votre faint Apôtre, au témoignage des hommes, défendez-moi des écueils où la néceffité de croire, & la crainte d'être féduit, peuvent me jetter. Je fens également le malheur d'être entraîné par une autorité fauffe, & celui de n'en connoître aucune. Il n'eft que vous, Seigneur, qui puiffiez me faire éviter l'un & l'autre. Donnez-moi donc un efprit droit & un cœur docile, afin que je fache difcerner ce qui me conduit à vous, de ce qui peut m'en éloigner, & que je fois toujours auffi prêt à fuivre de falutaires inftructions, qu'à fuir les pernicieufes. Mais plutôt, mon Dieu, dans cette diverfité de vues ou d'opinions qui peuvent fe préfenter à moi, fixez mes yeux fur l'autorité fainte & invariable de votre Eglife, puifque je ne faurois m'égarer en la fuivant, & que je m'égare toujours en ne fuivant pas fes règles & fon efprit.

DE L'EVANGILE.

Heureux ceux qui, fans avoir vu, n'ont pas laiffé de croire. S. Jean, chap. 20.

RIEN ne nous paroît plus trifte dans la vie que d'être réduits à de fimples vues de foi. Nous voudrions comme toucher à ce que nous efpérons ; avoir fous les yeux les biens qu'on nous promet. L'obfcurité nous décourage ; mais nous nous affligeons inutilement & fans fujet : Dieu ne nous donnera point d'autres affurances de falut, que fes promeffes mêmes & nos bonnes œuvres. Heureux donc ceux qui, fans attendre des révélations nouvelles, fe mettent au-deffus des peines de l'incertitude ! Mais, fans parler de l'outrage que font à Dieu ceux à qui la certitude & l'immutabilité de fa parole ne fuffifent pas, n'y auroit-il pas d'ailleurs autant de folie que d'injuftice, à ne pas faire pour des récompenfes éternelles, ce que nous faisons tous les jours pour les espérances les plus frivoles ? Qu'y a-t-il de plus incertain que le succès de toutes les entreprises humaines ? Qu'y a-t-il de plus incertain que ce qui dépend de la faveur des hommes, de leur pouvoir, de leur reconnoissance, de leurs caprices ? Et cependant on bâtit sans défiance sur ce fondement ; on risque tout pour s'enrichir, pour parvenir aux honneurs ; on sacrifie ses plus belles années, son loisir, son repos, sa liberté dans l'attente d'un rang, d'un poste, d'un emploi, d'une gratification, d'un établissement, d'un bien quel qu'il soit, dont la durée n'ira certainement pas au-delà de la vie, & dont la possession peut-être sera prévenue par la fin de cette vie même.

Voit-on alors ce qu'on espére ? C'est dans l'obscurité d'un avenir très-douteux, & souvent très-éloigné, qu'on se propose l'objet de ses desirs, & cette obscurité ne ralentit point l'ardeur de la poursuite. Où est la sagesse de ne vouloir pas courir les mêmes risques pour des biens éternels qui sont toujours plus près de nous que nous ne pouvons le penser, dont la fin de notre course, quelque courte qu'elle soit, nous procurera la jouissance, si la mort nous surprend en travaillant sincèrement à la mériter ? Ces différences de conduite sont toujours aussi honteuses qu'incompréhensibles ; mais toujours, pour notre malheur, très-concluantes contre la préférence que nous donnons aux affurances du monde fur celles de la vérité. Croyons fans voir; mais que ce foit à ce que Dieu nous a promis, & nous verrons furement ce que nous aurons cru. Souvenons-nous que quiconque efpére en lui n'efpére jamais envain, quand fes mœurs font dignes de fes efpérances.

PRIERE.

QUE me refte-t-il donc à faire, Seigneur, fi-non de vous chercher ici-bas comme durant la nuit, & de bien concevoir que le plus grand de mes malheurs feroit de ne vous plus chercher ? Mais faites que je ne défefpére jamais de vous trouver en m'appuyant fur la fermeté immuable de votre parole; que j'entre humblement & avec confiance dans le myftère de l'obfcurité où il vous plaît de me laiffer vivre, que je m'eftime heureux d'être obligé de croire fans avoir vu; que mes fens fe taifent; que ma raifon fe foumette; que la difficulté même de croire me foit une raifon de bannir tous les doutes, afin que le prix de ma foi foit plus grand à proportion qu'elle aura exigé de moi plus de facrifices.

POUR LE SAMEDI.

DE L'EPITRE.

Le témoignage de Dieu est plus grand que celui des hommes. S. Jean, 1 chap. 5.

LE témoignage de Dieu dont parle ici l'Apôtre, est celui qu'il a rendu à son fils unique. Ce témoignage consiste à nous assurer qu'il nous a donné la vie éternelle, c'est-à-dire, selon le langage de Saint Jean, les instructions qui nous conduisent à cette vie ; & cette vie est dans son fils, c'est-à-dire, dans ses paroles : ce qui n'exclut pourtant par ses mérites, sa grace & l'efficacité de son sang. Il semble donc que par ce grand témoignage on doit entendre sur-tout celui que Dieu rendoit à Jesus-Christ sur la montagne en présence des trois Disciples qu'il avoit choisis pour être témoins de sa gloire. Témoignage qui ne ressembla point, dit Saint Pierre, à quelque fable ingénieusement composée pour donner du cours à la doctrine d'un imposteur. Les Apôtres virent de leurs yeux l'éclat dont leur Maître brilla dans ce moment : ils entendirent la voix qui leur ordonnoit du haut du Ciel de l'écouter ; & voilà ce qu'ils attesterent depuis à toute la terre, & ce que Dieu lui-même confirma par une infinité de nouveaux témoignages qu'il rendit à leurs discours. Peut-on le croire, & ne pas avoir une extrême respect pour les maximes évangéliques ? Non, rien n'est plus étonnant que la foi des Chrétiens, quand on vient à la comparer avec leurs mœurs. Dieu joint un ordre exprès d'écouter Jesus-Christ au témoignage éclatant qu'il lui rend qu'il est son Fils ; ils reçoivent ce témoignage, & refusent d'obéir à cet ordre ; c'est-à-dire, qu'ils ne croient Dieu qu'autant qu'il faut pour se condamner eux-mêmes.

Il n'y a point cependant de milieu : il faudroit, comme Saint Jean le dit, ou faire Dieu même menteur, & devenir incrédule, ou cesser d'être indocile aux leçons d'un Maître tel que celui que nous reconnoissons. On se fait un mérite de révérer sa personne ; & ce mérite se change en crime, quand on ne suit pas ses préceptes. Plus ce qu'il est autorise ce qu'il enseigne, moins on est excusable d'en convenir, & de n'y pas conformer sa vie. Qu'il y a de caprice dans le cœur humain, ou plutôt, hélas ! qu'il y a tout ensemble de ténèbres, de corruption, & peu de foi ! Souvent on se laisse conduire aveuglément à l'autorité d'un homme : les Récabites observoient religieusement la défense que leur père leur avoit faite de bâtir des maisons, & de

cultiver des champs & des vignes : on s'af-
sujettit à des règles pénibles, par respect pour
un Législateur ; on fait plus, on se croit en
sûreté dans son relâchement sur la décision
d'un Casuiste sans autorité. Mais Dieu dit qu'il
faut écouter son Fils ; l'homme dit qu'il ne
le faut pas : & l'homme en est cru.

P R I E R E.

QUE toutes ces réflexions sont injurieuses pour vous, Seigneur, mais qu'elles
sont humiliantes pour moi ! Je fais profession
de vous croire, & je ne crois au fond que
mon amour-propre, ou ce qui le flatte : je reçois avec plaisir, ou du moins je ne combats
pas les vérités qui ne l'intéressent point, tandis que je rejette sans scrupule celles qui le
gênent, quoique les unes & les autres me
viennent de la même autorité. C'est là mon
injustice pleine de folie. Qu'importe en
effet pour moi, que ce soit la doctrine ou les
maximes de la foi qui me déplaisent ? Veux-
je vous forcer à les séparer, & me sauverez-
vous sans la sainteté des mœurs, vous qui ne
m'en avez proposé les règles par votre propre Fils, que pour me les rendre plus inviola-
bles ? Ah ! mon Dieu, il est temps que je
mette fin à cette contradiction de créance,
pour ne pas m'exposer à un jugement plus
sévère que ceux qui n'ont pas cru. Guérissez

donc par la grace & l'intégrité d'une vraie foi, mon esprit & mon cœur, puisque l'un & l'autre est malade : faites que je ne sépare plus vos vérités dans ma conduite ; que je reçoive avec une respectueuse soumission votre témoignage tout entier ; que ce témoignage surmonte toutes mes répugnances ; que je me souvienne sans cesse que c'est du Ciel même que vous me l'envoyez, & qu'il fasse toujours plus d'impression sur moi, que celui d'aucun homme sur la terre.

DE L'EVANGILE.

Ces miracles sont écrits, afin que vous croyiez,
& qu'en croyant vous ayez la vie éternelle.
S. Jean, chap. 20.

LE premier fondement de la piété, c'est d'établir solidement la foi : moins on croit, moins on espére ; & quand l'espérance est foible, les vertus languissent : il en coûte trop pour résister à l'attrait des biens sensibles, & pour se priver de ce que le monde présent nous offre de plaisirs, quand on n'est pas bien sûr de ce qu'on attend dans le siécle à venir. La vie des justes sur la terre est une continuelle épreuve ; aussi est elle un continuel exercice de cette foi ferme qui les soutient. Il y a tant de combats à soutenir, que la nature y succomberoit sans la vue de la récompense que la grace propose : que cet appui vienne à nous manquer, nous tombons dans le découragement, nous nous rendons à notre penchant pour la créature, nous cédons au torrent de la coûtume, & nous cessons d'être Chrétiens. Il étoit donc digne de Dieu de se faire bien connoître à ceux qui voudroient le chercher, de donner à la Religion des preuves assez fortes pour fixer des cœurs droits, & pour les faire agir sur ses promesses ; aussi ne cessa-t-il dans aucun temps de rendre

témoignage de ce qu'il est. Les merveilles de
sa puissance sont présentes à tous les hommes,
& les rendent inexcusables, s'ils ne l'honorent pas en la manière qu'ils le connoissent:
mais il a porté plus loin ses bontés pour nous;
& comme il nous avoit parlé par son Fils, il
a voulu, dit Saint Jean; que ses miracles
fuffent écrits comme le sceau des maximes
qu'il avoit annoncés.

Nous manquons donc à ses desseins, nous
nous manquons à nous-mêmes, si nous ne
donnons pas une attention singulière à un
récit d'où dépend notre sort éternel. Nous
devons, dit un autre Apôtre, être prêts à
rendre compte de notre foi à quiconque nous
le demande; à combien plus forte raison devons-nous nous en rendre compte à nous-
mêmes? C'est à nous de réfléchir sur ces témoignages que Dieu nous a rendus de lui-
même, de bien méditer les motifs que nous
avons de nous reposer sur sa parole, de fon-
der enfin, si les fondemens de notre foi sont
solides; d'examiner tout, pour ne donner ni
dans une crédulité téméraire, ni dans une
docilité trop tardive.

PRIERE.

HE de quoi m'occuperois-je donc ici-
bas, ô mon Dieu! N'est-il pas juste,
n'est-il pas de l'intérêt le plus pressant pour

moi, de répondre aux soins que vous avez pris de confirmer ces grandes vérités qui doivent être le fondement de mon salut ? Faites donc, Seigneur, que je cherche, que je lise avec empressement ce que vous avez fait écrire : rendez-y vous-même mon esprit attentif, mais donnez-moi sur-tout un cœur docile, qui soit prêt à se laisser convaincre & à révérer la vérité qui viendra s'offrir à lui, un cœur qui aime cette vérité sainte, qui la goûte & qui se réjouisse plus de sa découverte, que s'il avoit trouvé toutes les richesses du monde. Faites enfin que ma foi soit éclairée, mais qu'elle soit agissante par la charité, & qu'en vivant suivant les lumières qu'elle me présente, je me rende digne de l'immortalité qu'elle me promet.

Fin du Tome II.

TABLE
DES MATIERES
Contenues dans ce Volume.

A

Z ij

E

F

G

H

I

N

O

R

S

V

Z

Z E L E. Celui requis pour notre avancement dans la voie du salut, 69. D'où naît le beau zéle dont nous nous applaudissons, 196. Quand le nôtre se tourne contre nous-mêmes, 281. Image de celui animé par l'amour, 467.

Fin de la Table des Matieres du Tome II.